Martin Wittschier
Wie es nicht geht, weißt Du schon

Martin Wittschier

WIE ES NICHT GEHT, WEISST DU SCHON

So gelingt dir, was du schon immer tun wolltest

ARISTON

Für Isabell, die Liebe meines Lebens

Inhalt

PROLOG
Die Silvesterfete

»Na, Ben, was sagt dein Glückskekszettel?«

»Später!«, antwortete ich.

»Lasst uns doch alle zusammen schauen. Einer nach dem anderen liest vor, was bei ihm steht«, schlug Isabell vor.

Es war wieder so weit. Das Jahr lag in den letzten Zügen, und wir feierten gemeinsam Silvester. Zum sechsten Mal in Folge. Wir waren eine Clique von acht Leuten, drei Pärchen und zwei Singles. Wir kannten uns noch aus der Schulzeit und lebten alle in Köln und Umgebung.

Schon bei unserer ersten gemeinsamen Silvesterfete hatte Isabell diese Glückskekse besorgt. Ich kannte sie vom Chinesen – da kamen sie manchmal mit der Rechnung. Isabell liebte solche kleinen Aufmerksamkeiten. Sie glaubte an die Weisheiten, die auf den schmalen weißen Zetteln in schwarzer Schrift standen, und nahm die Botschaften ernst.

Ich hatte ihren Wunsch gehört und dachte mir, okay, dann machen wir das eben, wenn sie das unbedingt möchte. Ich wollte kein Spielverderber sein, schließlich war sie heute die

Gastgeberin und hatte sich so viel Mühe gegeben, damit wir uns wohlfühlten. Ich war an der Reihe, brach den Keks entzwei und zog den Zettel heraus.

»Ist der Schüler bereit, dann ist der Meister nicht fern«, las ich vor.

Isabell, die mir gegenübersaß, klatschte vor Begeisterung in die Hände und strahlte mich an. »Hast du's gut – du wirst bald deinen Meister finden! Bist du bereit?«

Wie meinte sie das? Was sollte das für ein Meister sein? Wozu sollte ich bereit sein? Ich verstand gar nichts.

In diesem Augenblick hatte ich keine Lust, über solche Dinge nachzudenken. Ich wollte mit meinen Freunden ausgelassen feiern. Und ich wollte mit ihnen ins neue Jahr springen. Das war unser Ritual. Wir stellten uns alle nebeneinander, nahmen uns an der Hand und sprangen auf Kommando gemeinsam einen Schritt nach vorn, wenn die Uhr zwölf schlug.

Bis vor drei Jahren hatte jeder von uns auch immer noch einen guten Vorsatz fürs neue Jahr gefasst. Aber dann hatten wir beschlossen, es sein zu lassen. Machte eh keinen Sinn. Denn nach acht Wochen war der gute Vorsatz auch schon wieder vom Tisch.

Als Letzte war Isabell mit ihrem Keks an der Reihe: »Dein Leben ist ein Spiegel deiner guten und schlechten Gewohnheiten!« Isabell lachte wieder. Spontan rief sie in die Runde: »Jeder nennt eine schlechte Gewohnheit, die er sich im nächsten Jahr abgewöhnen will!« Ich konnte in den Gesichtern der anderen ablesen, dass dazu keiner Lust hatte.

Dein Leben ist ein Spiegel deiner guten und schlechten Gewohnheiten! Diesen Satz ließ ich mir trotzdem kurz durch den

Kopf gehen. Doch bevor ich dem nachgehen konnte, forderte uns Elias auch schon alle auf, gemeinsam auf die letzte Stunde des Jahres anzustoßen. »Leute, so jung wie heute kommen wir nie mehr zusammen! Proooost!« Mit einem Glas Sekt in der Hand stand er mitten im Raum, grinste uns alle spitzbübisch an und gab die neuesten Witze zum Besten. Der wäre besser mal Comedian geworden, dachte ich mir. Wir hielten uns den Bauch vor Lachen, während er wild gestikulierte, Grimassen zog und in einer Tour erzählte.

Plötzlich rief Isabell: »Kommt schnell, das müsst ihr euch ansehen!«

Sie hatte die DVD eingelegt, die wir vor drei Jahren aufgenommen hatten, , und auf dem Bildschirm tauchten auch schon unsere Gesichter auf. Nach und nach versammelten wir uns alle vor dem Fernseher. »Da warst du aber auch noch schlanker«, hörte ich Gabriel sagen. Er stand neben mir und versetzte mir dabei einen freundschaftlichen Stups. Isabell hatte uns an jenem Silvesterabend aufgefordert, unsere guten Vorsätze für das neue Jahr in die Kamera zu sprechen.

Die erste Sequenz zeigte Elias. Er prostete der Kamera zu. »Ich werde im nächsten Jahr aufhören zu rauchen.«

Wir lachten alle, weil er vor fünf Minuten zuvor noch auf der Terrasse gewesen war, um sich genüsslich eine Zigarette anzuzünden.

Dann erschien Chris vor der Kamera. »Ich werde jeden Tag meditieren, weil ich so gestresst bin.« Auch Chris lächelte verlegen, als er das sah.

Dann kam ich an die Reihe. »Da war ich aber noch deutlich schmaler im Gesicht«, war mein spontaner Kommentar. »Ich gehe zweimal die Woche laufen!«, hörte ich mich sagen.

Ich sah mich selbst, wie ich siegesbewusst die Faust ballte und mir dabei lachend auf den Bauch klopfte.

Indira, die neben mir stand, schaute mich an. »Na, und was ist daraus geworden?«

»Hab leider nur ein paar Wochen durchgehalten«, sagte ich ein wenig resigniert.

»Willkommen im Club«, antwortete sie.

Ich hab mich damals auch gleich im Januar im Fitness-Club angemeldet und bin nur bis Ostern im Training geblieben – und das auch noch ziemlich unregelmäßig. »Verdammt, ich zahle den Beitrag immer noch. Da muss ich mich endlich mal abmelden. Jeden Monat, wenn ich die Abbuchung sehe, denke ich, das wird schon.«

Wir beide prosteten uns zu und sahen die letzte Einspielung, in der Isabell zu sehen war.

»Ich will zweimal pro Woche schon um achtzehn Uhr das Büro mit einem guten Gewissen verlassen und sonntags mit dem gleichen guten Gefühl faul sein und nichts tun.«

Irgendwie wirkten wir alle etwas beschämt, als wir uns das Video ansahen.

»Jetzt lasst euch mal nicht die Laune verderben – ist doch eh bei allen das Gleiche. Raus jetzt, in fünf Minuten ist es so weit!«, rief Elias in die Runde.

Hektisch suchten wir leere Flaschen, die Raketen und Feuerzeuge, damit wir pünktlich loslegen konnten. Wir standen nebeneinander auf der Straße, zählten von zehn zurück bis null und sprangen gemeinsam ins neue Jahr.

Es gibt keine Zufälle,
es fällt einem zu, was fällig ist.

1
Der Brief

Den ersten Tag des neuen Jahres hatte ich im Bett und auf der Couch verbracht. Das süße Nichtstun war einfach wunderbar gewesen. Ich hatte noch bis zum 6. Januar frei und war dieses Jahr nicht zum Skilaufen gefahren.

Heute war Samstag, und ich holte mir wie jeden Samstagmorgen die Zeitung aus dem Briefkasten und zelebrierte mein Frühstück. Als Erstes fiel mein Blick auf den Spruch des Tages: *Der gute Vorsatz ist wie ein Aal, leicht zu fassen, aber schwer zu halten!*

Wenn ich schon daran dachte, wie entlarvend es gewesen war, Isabells Videofilm zu sehen, war ich froh, dass ich für dieses Jahr keinen guten Vorsatz gefasst hatte.

Ich überflog die Artikel, die mich interessierten, bis ich auf der dritten Seite an einer Überschrift hängen blieb: *Die guten Vorsätze der Bundesbürger zum neuen Jahr*. Es gab wohl einen Papst mit dem Namen Silvester, der am 31. Dezember

335 n. Chr. verstorben war. An jenem Tag wurden allen Gläubigen ihre Sünden vergeben, aber nur, wenn sie Besserung gelobten. Das bedeutete also, dass unsere guten Vorsätze ein Versprechen waren. Das Versprechen, uns zu bessern.

In dem Artikel waren die Top Ten der guten Vorsätze der Häufigkeit nach aufgelistet:

1. Stress vermeiden oder abbauen (59 Prozent)
2. Mehr Zeit für Familie / Freunde (52 Prozent)
3. Mehr bewegen / Sport treiben (51 Prozent)
4. Mehr Zeit für mich selbst (48 Prozent)
5. Gesünder ernähren (44 Prozent)
6. Abnehmen (34 Prozent)
7. Sparsamer sein (30 Prozent)
8. Weniger fernsehen (14 Prozent)
9. Rauchen aufgeben (12 Prozent)
10. Weniger Alkohol trinken (11 Prozent).

Ich staunte, denn einige dieser Vorsätze hatte ich mir ja auch schon vorgenommen. Und nicht eingehalten. Ging das denn jedem so?

Abnehmen und wieder zunehmen, Sport machen und wieder aufhören. Meine Laufschuhe – wo waren die eigentlich? Und dabei war ich einmal so richtig gut im Training gewesen. Ich spürte, wie Wut und Ärger in mir hochkrochen. Aber auch Verzweiflung, weil mir niemand beigebracht hatte, wie man seine guten Vorsätze wirklich in die Tat umsetzt. Und vor allem auch dauerhaft. Warum gab es in der Schule kein Fach, wo man lernte, was für einen wichtig ist? Ich hatte nach meiner Schulzeit nie wieder die Wurzel aus 15 ziehen müssen.

Aber das Fach »Lebenskunde« auf dem Stundenplan zu haben, das wäre doch mal eine sinnvolle Maßnahme gewesen. Damit könnte man auch später etwas anfangen! Im Job hatten wir immerhin die Möglichkeit, Seminare zu besuchen, die etwas mit der Realität zu tun hatten. Zuletzt hatte ich mich für einen Kurs zum Thema »Selbst- und Zeitmanagement« angemeldet. Am Schluss des Seminars hatte ich meine Ziele sogar laut vorgelesen: »Jeden Morgen eine Aufgabenliste schreiben, den Zeitbedarf schätzen und priorisieren. Das alles, bevor ich den Rechner anschalte und die Mails abrufe. Und alle zwei Stunden einen Blick auf die Liste werfen.« Aber dann kam die Realität, und ich fiel wieder zurück in meine alten Verhaltensmuster. Las morgens doch gleich die Mails und war dann wieder mittendrin. Während des Seminars war das alles so einleuchtend. Aber schon nach ein paar Tagen fiel man wieder in den alten Trott zurück.

Klar, gab es Leute, die die Umsetzung schafften. Aber wie? Kannten sie spezielle Regeln?

Immer wieder fing ich mit dem Laufen an, was mir sehr gut tat. Trotzdem hörte ich immer wieder damit auf. Von Paul beispielsweise wusste ich, dass er seit Jahren regelmäßig lief. Er nahm an Stadtläufen teil und war auch schon einmal einen Marathon gelaufen. Der hatte natürlich keine Gewichtsprobleme.

In den Erfolgsbüchern, die ich bisher gelesen hatte, war immer nur von Dingen die Rede, an die man sich halten sollte. Aber man konnte nie etwas darüber lesen, was man tun konnte, wenn man gestolpert oder hingefallen war. So einfach war es anscheinend nicht. Oder waren es doch nur die Menschen mit besonderen Fähigkeiten, denen das gelang?

Wie sähe mein Leben heute aus, wenn ich mir all das, was ich mir schon seit Jahren vornahm, zur Gewohnheit gemacht hätte? Ich wäre schlanker, ausgeglichener, hätte weniger Stress im Job, würde Aufgaben erledigen, statt sie vor mir herzuschieben, und ich hätte auch Geld gespart. Und offensichtlich ging das ja nicht nur mir so, wie ich auf dem Video am Silvesterabend feststellen konnte. So gesehen, waren wir alle bereits nach kurzer Zeit gescheitert.

Da fiel mir der Spruch von Isabell ein: *Dein Leben ist ein Spiegel deiner guten und schlechten Gewohnheiten.* Hatte ich überhaupt gute Gewohnheiten? Ja, ich putzte mir jeden Morgen und jeden Abend die Zähne, und ich trank meinen Kaffee immer schwarz. Schlechte Gewohnheiten hatte ich aber auch. Ich wartete oft bis zur letzten Minute, wenn es um Dinge ging, die mir keinen Spaß machten. Zum Glück wusste ich, dass ich dieses Schicksal mit vielen anderen teilte. Aber es gab ja auch die, die eine Aufgabe sofort erledigten. Solche Menschen fand ich vorbildlich. In diesem Augenblick fasste ich den Entschluss, der Sache auf den Grund zu gehen. Ich wollte wissen, wie man selbstbewusst und selbstbestimmt seine Ziele erreicht und dauerhaft dranbleibt. Ja, der Schüler war bereit. Jetzt musste ich nur noch meinen Meister finden.

Nachdem ich geduscht und mich angezogen hatte, widmete ich mich dem Stapel Briefe, der sich seit Weihnachten ungeöffnet auf dem Beistelltischchen im Flur angehäuft hatte. Ich hatte zwar keine Lust auf Rechnungen, holte mir dennoch aus der Küche ein Messer, um die Briefe zu öffnen. Neujahrsgrüße von Firmen, bei denen ich Kunde war. Werbung, die ich gleich zerriss, und ein Liebesbrief von der Versicherung –

die Jahresrechnung für mein Auto. Das fing ja gut an. Was war das denn? Ich hielt einen champagnerfarbenen Briefumschlag in Händen – edles Papier, dachte ich. Ohne danach zu schauen, von wem er war, schlitzte ich in den Umschlag auf und zog zwei gefaltete, ebenfalls champagnerfarbene Bogen heraus. Es war ein handgeschriebener Brief. Wer schrieb denn heute noch mit Füller?

Ich faltete die Blätter auseinander und begann zu lesen.

Lieber Vincent,
wie schön, dass wir uns im letzten Jahr zufällig kennengelernt haben und ich dich nach und nach in die Geheimnisse der erfolgreichen Gewohnheiten einweihen durfte. Viel zu viele Menschen nehmen sich etwas vor, halten es nicht lange durch und fallen in ihre alten Verhaltensmuster zurück. Damit soll nun Schluss sein. Es geht darum, dass wir am Ende unseres Lebens sagen können: Ich habe die Dinge getan, die ich tun wollte.

Die Geheimnisse wirst du in keinem Buch finden, sie werden immer nur von Meister zu Schüler weitergegeben. Aber es wird der Zeitpunkt kommen, da sie jemand niederschreiben wird.

Ich musste tief durchatmen. Der Brief war nicht an mich gerichtet. Ich griff nach dem Umschlag. Er war in der Tat für meinen Vormieter bestimmt. War das ein Zufall? Fast schien es, als wollte mir das Schicksal einen Wink geben. Eine Botschaft, die nur mündlich weitergegeben wurde. So etwas kannte ich nur von tibetischen Mönchen. Gute Vorsätze dauerhaft in die Tat umsetzen – das war, was ich immer lernen wollte. Hätte ich diesen Brief überhaupt lesen dürfen? Ich legte das erste Blatt zur Seite und begann mit der zweiten Seite.

Ich wünsche dir eine wundervolle Zeit in Amerika und freue mich, von dir zu hören. Ruf doch mal an, und schick mir per Mail deine neuen Kontaktdaten. Anbei meine neue Mobilnummer: 0171-9988774.
Alles Gute,
Robert

P.S.: Jetzt bist auch du ein Meister. Deshalb denk bitte daran, dass du die Geheimnisse nur an Menschen weitergibst, die sich als würdig erweisen – der Eingangstest ist die erste Hürde, die jeder nehmen muss, der die Welt der erfolgreichen Gewohnheiten betreten will. Ich freu mich, von deinen Erfahrungen zu hören.

Ich nahm noch einmal den Umschlag zur Hand. Dort, wo normalerweise der Absender stand, war nur eine goldene Kugel zu sehen.

Ich holte mir Stift und Zettel und notierte die Nummer. Daneben schrieb ich das Wort »Meister«. In diesem Augenblick dachte ich an den Spruch auf dem Glückskekszettel: *Ist der Schüler bereit, dann ist der Meister nicht fern.* War das doch kein Quatsch? Ich spürte ein Kribbeln. Was sollte ich jetzt tun?

Einfach weitermachen wie bisher? Den Brief abgeben und alles vergessen? Hatte Isabell mit ihren Glückskeksen doch recht? Von dem Verfasser des Briefes hatte ich nur eine Telefonnummer. Wie würde so jemand reagieren, wenn ich ihn einfach anrufen und sagen würde: »Hallo, ich möchte die Geheimnisse kennenlernen.« Er wäre sicherlich empört, dass ich fremde Briefe lese.

Aber warum notierte ich mir diese Telefonnumer? War das nicht ganz klar ein Zeichen dafür, dass ich mein Leben selbst in die Hand nehmen wollte? Endlich die Dinge umsetzen wollte, die für mich gut waren? Wie frustrierend muss es sein, am Ende seines Lebens festzustellen, dass man alles Mögliche immer nur tun wollte, aber leider nie getan hat!

Ja, ich war bereit. Ich wollte wissen, wie aus dem guten Vorsatz eine neue Gewohnheit wird. Bei diesen Gedanken überkam mich ein Gefühl von Kraft und Willensstärke. Wo hatte sich dieses Gefühl so lange versteckt? In meiner Schreibtischschublade hatte ich einen Briefumschlag gefunden und steckte die beiden Blätter hinein. Ich schrieb den Namen meines Vormieters darauf und legte den Brief auf das Tischchen im Flur, um ihn später bei meiner Vermieterin abzugeben, in der Hoffnung, dass sie die neue Adresse hatte.

Ich hatte noch ein paar Sachen fürs Wochenende eingekauft und saß gegen 15 Uhr wieder in meinem Sessel, als plötzlich mein Handy klingelte. Auf dem Display tauchte Isabells Name auf. Das konnte kein Zufall sein.

»Na, was hast du so getrieben am ersten Tag des neuen Jahres?«

»Ich war ziemlich faul«, gestand ich. »Und ich war im Nachhinein echt frustriert über deinen Videofilm.«

»Ja, das verstehe ich«, seufzte Isabell. »Ich sitze auch noch immer viel zu lange im Büro, und zu Hause meine ich dann, auch immer noch etwas tun zu müssen. Man kann doch nicht einfach nur auf der Couch sitzen und faulenzen. ›Das geht doch nicht!‹, ermahne ich mich dann regelmäßig selbst.«

Plötzlich platzte es aus mir heraus. »Isabell, ich habe einen Meister gefunden!« Am anderen Ende war auf einmal nur noch Stille.

»Wie, du hast einen Meister gefunden? Ich dachte, du glaubst nicht an solche Sachen. Noch dazu war's eine Glückskeks-Botschaft. Was ist passiert?«

»Also, pass auf, aber du darfst es keinem erzählen. Irgendwie ist mir das alles ja ein bisschen peinlich!«, gab ich zu.

»Das versteht sich doch von selbst!«, versprach Isabell.

»Ich habe heute Morgen aus Versehen einen Brief geöffnet, der nicht an mich, sondern an meinen Vormieter adressiert war, der nach Amerika gezogen ist. Obwohl ich bereits beim Lesen der ersten Sätze gemerkt habe, dass der Brief nicht an mich gerichtet war, habe ich trotzdem weitergelesen … Es war wie ein Sog, dem ich mich nicht entziehen konnte.«

»Das klingt ja spannend!«

»Es ist ein Brief …«, ich traute mich kaum, es zu sagen, »den ein Meister an seinen Schüler geschrieben hat.«

»Wow – das gibt es doch nicht!«, rief Isabell aus. »Und? Was stand in dem Brief?«

»Im Grunde genommen nichts Genaues. Ich habe nur herausgelesen, dass mein Vormieter einen Meister hat, der ihm ein Geheimnis anvertraut hat, das normalerweise nur mündlich von Meister zu Schüler weitergegeben wird.«

»Was für ein Geheimnis?«

»Das ist ja das Unglaubliche an der Sache! Es geht darum, wie man gute Vorsätze dauerhaft in die Tat umsetzt.«

»Hey, das wird unser Leben verändern! Nie mehr wird uns ein drei Jahre alter Film die Laune verderben. Das musst du herausfinden!«

»So einfach ist das nicht!«

»Warum?«

»Es stand kein Absender auf dem Brief, aber ich habe eine Mobilnummer.«

»Umso besser! Wo ist dann das Problem? Ruf ihn an!«, sagte Isabell in bestimmendem Ton.

»Aber das kann ich doch nicht einfach so machen – immerhin habe ich einen fremden Brief gelesen.«

»Klar kannst du das machen! Es gibt keine Zufälle, und wenn der Meister cool ist, dann wird er genau das verstehen. Was soll denn schon passieren? Mehr als Nein sagen kann er nicht!«

Ich zögerte. »Da hast du eigentlich recht!«

»Mensch, Ben, bist du denn auch bereit?«

»Klar, bin ich bereit! Ich habe die Nase voll von diesem Trott und dem Frust, immer wieder mit allem, was ich angefangen habe, aufgehört zu haben.«

»So kenne ich dich gar nicht. Du bist ja richtig wütend.«

»Ja, genau, ich bin wütend!«

»Ruf den Meister an, und lass dich in die Geheimnisse einweihen. Wenn du es nicht tust, dann tu ich es. Ich will das auf jeden Fall wissen!«

»Ich überleg's mir und sag dir Bescheid.«

»Hey, was gibt es da noch lange zu überlegen? Denk an das Video und deinen Frust.«

»Okay, lass mich in Ruhe nachdenken – ich melde mich.«

Damit war das Gespräch beendet.

Ich lehnte mich in meinem Sessel zurück und dachte nach. Isabell hatte recht. Was sollte schon passieren? Das Schlimmste wäre wirklich ein Nein des Meisters.

Erst mal noch einen Kaffee trinken. Eine Stunde später hielt ich mein Telefon in der Hand und gab aufgeregt die Nummer ein, die ich mir notiert hatte.

Wie sollte ich anfangen? Nach dem fünften Klingelton sprang der Anrufbeantworter an. »Lieber Anrufer, ich bin ab dem 5. Januar wieder für Sie da. Ich wünsche Ihnen alles Gute fürs neue Jahr!« Nach dem Piepston hinterließ ich keine Nachricht und legte auf.

Schade, jetzt hatte ich mir ein Herz gefasst, und nun musste ich warten.

Achtsamkeit zu üben bedeutet,
zum Leben im gegenwärtigen
Augenblick zurückzukehren.

2
Das Telefonat

Als ich am Mittwochmorgen aufwachte, spürte ich eine leichte Anspannung, mein Magen grummelte. Heute wollte ich anrufen. Ich frühstückte gegen elf Uhr und saß mit meiner Tasse Kaffee im Wohnzimmer – vor mir das Telefon und der Zettel mit der Mobilnummer. Als ich wählte, merkte ich, wie mein Puls raste. Ich war total nervös. Wie sollte ich anfangen? Nach dem dritten Rufton meldete sich eine männliche Stimme, die sehr sympathisch klang. »Robert Wolf, guten Tag!«

Ich bekam kein Wort heraus. Ich stammelte: »Eh, ähm … Ja, guten Tag, mein Name ist Ben Neumann. Ich hoffe, ich störe Sie nicht?«

»Nein, tun Sie nicht, sonst wäre ich nicht ans Telefon gegangen.«

Der Mann war sehr direkt, aber das hatte ich auch nicht anders erwartet. Der erste Schritt war getan.

»Ja, wie soll ich anfangen? Also: In meiner Post befand sich ein Brief, der an meinen Vormieter adressiert war. Das hatte ich in der Eile aber leider übersehen. Ich habe den Umschlag geöffnet und den Brief gelesen, den Sie an Ihren Schüler Vincent geschrieben haben. Der nach Amerika gezogen ist.«

»Aha, daher haben Sie meine Telefonnummer!«

War das jetzt ein gutes oder schlechtes Zeichen? Jetzt hatte ich ihn am Apparat und wollte die Chance nutzen. »Ich hoffe Sie sind mir nicht böse, aber ich würde das Geheimnis, von dem Sie in diesem Brief berichten, auch gerne kennenlernen. Seit Jahren bin ich auf der Suche, habe einige Bücher gelesen, so manches ausprobiert, aber irgendwie hat nichts geklappt. Ich glaube, Ihr geheimes Wissen könnte mir weiterhelfen.«

»Das ist ja interessant!«, erwiderte der Mann am anderen Ende.

Ich fuhr gleich fort: »Was muss ich tun, damit Sie mich als Schüler annehmen, obwohl Sie mich gar nicht kennen? In meinem Glückskeks zum neuen Jahr stand: *Ist der Schüler bereit, dann ist der Meister nicht fern.* Normalerweise glaube ich nicht an solche Sprüche, aber seit ich den Brief gelesen habe, geht er mir nicht mehr aus dem Kopf. Und nun habe ich all meinen Mut zusammengenommen und Sie angerufen.«

Ich hätte mich um Kopf und Kragen geredet, hätte mich Robert Wolf nicht unterbrochen.

»Okay, ich habe verstanden! Denn ich glaube daran, dass es keine Zufälle gibt, sondern dass uns vielmehr die Dinge zufallen.«

Ich war erleichtert. Das hörte sich gut an.

»Wissen Sie, es gibt viele Menschen, die von mir lernen wollten, doch bei den meisten blieb es nur beim guten Vorsatz. Die Absicht zu äußern reicht leider nicht aus. Entscheidend ist es, dauerhaft in die Umsetzung zu kommen. Ich bin bereit, Sie als Schüler anzunehmen.«

Ich spürte, wie sich eine totale Erleichterung in mir einstellte. Während des Telefonats war ich angespannt auf und ab gegangen. Jetzt blieb ich vor dem Sessel stehen, setzte mich und atmete erst einmal tief durch. Nun konnte ich ganz entspannt den Ausführungen des Meisters lauschen.

»In dem Brief ist von einem Eingangstest die Rede. Den müssen Sie erst einmal bestehen. Das ist die Grundvoraussetzung für unsere Zusammenarbeit. Ich muss erst prüfen, ob Sie bereit sind, das geheime Wissen auch tatsächlich anzuwenden. Ich bekomme immer wieder Anfragen. Aber am Ende des Tages zählen die Taten. Ich diskutiere da auch nicht, sondern ich erwarte, dass Sie darauf vertrauen, dass meine Empfehlungen gut für Sie sind. Wenn Sie sich jedoch nicht daran halten, ist sowohl Ihre als auch meine Zeit vergeudet. Ihre Adresse kenne ich ja bereits von Vincent. Sie erhalten in den nächsten Tagen einen Brief von mir. Befolgen Sie die Anweisungen darin, und rufen Sie mich dann wieder an.«

Ich bedankte mich, und Robert Wolf beendete das Gespräch mit den Worten: »Ich freue mich, von Ihnen zu hören.«

Ich atmete tief durch und konnte die ganze Situation noch gar nicht fassen. »Ich habe einen Meister! Unglaublich!«, ich schüttelte immer wieder den Kopf. Das neue Jahr meinte es offensichtlich gut mit mir. Allerdings musste ich jetzt schon wieder warten. Ich hätte gerne gleich am Telefon besprochen, was es mit diesem Eingangstest auf sich hatte. Was das wohl für Anweisungen waren, von denen er sprach? Spontan schickte ich Isabell eine SMS.

Habe den Meister erreicht. Melde mich, wenn ich mehr weiß.

Kurze Zeit später kam ihre Antwort.

Wie spannend – bin gerade in einem Meeting.

Jetzt blieb mir nichts anderes übrig, als mich zu gedulden. Endlich! Am Samstag hatte das Warten ein Ende. Zwischen der Zeitung und einer Werbebroschüre fand ich den champagnerfarbenen Umschlag, auf den ich sehnsüchtig gewartet hatte. Oben links die goldene Kugel. Meine Adresse mit Füller geschrieben.

Ich setzte mich in meinen Sessel, öffnete den Umschlag und nahm den Briefbogen heraus. Ein mystischer Moment.

Lieber Ben,

das Schicksal hat dich zu mir geführt. Gerne nehme ich dich als Schüler an. Doch bevor ich dich in die Geheimnisse einweihe, musst du den Eingangstest bestehen. Nur dann kann ich mir sicher sein, dass du auch in der Lage bist, das geheime Wissen ernsthaft und erfolgreich anzuwenden. Du musst eine Übung 21 Tage lang durchführen. Die Übung dauert nur zehn Minuten. Das hört sich zunächst einfach an. Es gibt nur eine Bedingung: Du darfst keinen Tag auslassen. Sonst beginnen die 21 Tage wieder von vorn. Erst wenn du die Übung 21 Tage ohne Unterbrechung durchgehalten hast, bist du bereit für das geheime Wissen.

Was war das für eine Übung, und was hatte es mit diesen 3 Wochen auf sich?, fragte ich mich kopfschüttelnd.

Es ist wichtig, dass du deine Erfahrungen und Eindrücke, die du bei der Übung machst, in einem Heft niederschreibst. Führe es wie ein Tagebuch. Schreib alles auf, was du über dich in dieser Zeit erfährst.

Nun zu der Übung. Führ 21 Tage lang jeden Tag für mindestens zehn Minuten eine Atemmeditation durch. Du sitzt dabei auf einem Stuhl oder im Schneidersitz auf dem Boden und beobachtest, wie dein Körper Luft ein- und ausströmen lässt. Du begibst dich dabei in die Rolle eines interessierten Beobachters.

Was war das denn? Musste ich vielleicht auch noch einem bestimmten Glauben angehören? Ich hatte es schon einmal mit Yoga versucht. Da lagen wir nach den Übungen auch immer auf der Matte und sollten zur Ruhe kommen.

Mir gingen dabei immer tausend Sachen durch den Kopf, oder ich schlief ein. Ich las weiter.

Seit Tausenden von Jahren üben sich Menschen auf der ganzen Welt darin, ihren Atem zu beobachten. Egal, welcher Religion sie angehören. Dadurch schult man die eigene Konzentration und lernt, vollkommen im Augenblick zu sein. Weder Vergangenheit noch Zukunft haben in diesen 10 Minuten eine Bedeutung. Danach kannst du wieder an alles Mögliche denken. Die Atemmeditation lässt sich wunderbar einfach in den Alltag integrieren. Du kannst sie überall und zu jeder Zeit ausüben.

Setz dich bequem hin, richte deinen Körper auf, sodass deine Wirbelsäule gerade ist. Halte den Kopf gerade und entspanne dich. Nimm zum Einstieg ganz bewusst einen tiefen Atemzug, und übergib dann den Impuls für das Atmen an deinen Körper. Das macht er den ganzen Tag sowieso ohne dich. Lass deinen Atem durch die Nase ein- und durch den Mund ausströmen.

Es geschieht ganz von selbst. Du brauchst den Atem nicht zu beeinflussen – dein Körper findet den idealen Atemrhythmus von ganz allein.

Bevor dein Körper Luft aufnimmt, gibt es einen Augenblick der Ruhe, in dem du weder ein- noch ausatmest. Lenk deine Aufmerksamkeit auf diesen Augenblick, den man auch Magic Moment nennt. Mach keine Leistung daraus. Beobachte nur.

Es ist normal, dass dir nach ein paar Atemzügen Gedanken durch den Kopf gehen. Lass es zu, dass diese Gedanken kommen, beobachte sie ganz kurz, und komm dann wieder zurück zu deinem Atem, und erlebe konzentriert diesen Augenblick, der zwischen den Atemzügen liegt.

Wenn man in der Welt der Meditation noch nicht zu Hause ist, ist es völlig in Ordnung, wenn man immer wieder abschweift. Kehre einfach wieder und wieder zurück zur Konzentration auf den Magic Moment.

Von Mal zu Mal wirst du merken, dass sich Geist und Körper immer besser beruhigen. Lass dich überraschen, wie diese Übung auf dich wirkt.

Ein guter Rat zum Schluss: Verbinde diese Übung mit einer bereits bestehenden Routine. Das erleichtert dir die

Sache ungemein. Und denk daran: Die Ausnahme ist dein größter Feind!

Ich hielt den letzten Briefbogen in der Hand.

Wenn du die Übung 21 Tage ohne Unterbrechung durchgeführt hast, ruf mich an, und dann werden wir uns treffen.

Liebe Grüße,
Robert Wolf

Das war alles? Das war der Eingangstest!? Am besten, ich probierte es gleich aus.

Ich wollte wissen, wie es sich anfühlte, wenn man meditierte. Deshalb schob ich meinen Sessel beiseite und setzte mich im Schneidersitz auf den Boden. Mein iPhone legte ich neben mich und stellte den Timer auf zehn Minuten. Ich atmete zu Beginn einmal tief ein und aus und übergab dann den Impuls für die Atmung bewusst an meinen Körper. So, wie es in der Anleitung beschrieben worden war. Und dann beobachtete ich meinen Atem. Plötzlich nahm ich Geräusche bewusster war, die ich bisher nicht wahrgenommen hatte. Das Ticken der Uhr, jemand schlug im Haus eine Tür zu, draußen hupte ein Auto. Immer wieder lenkten mich aufkommende Gedanken ab. Immer wieder bemerkte ich es. Immer wieder kehrte ich zurück zu diesem Augenblick, bevor der Körper neuen Atem schöpft – der *Magic Moment*.

Totale Ruhe, einfach nichts. Der Summton signalisierte mir, dass die zehn Minuten vorbei waren. Ich fühlte mich richtig gut danach.

Zu der Übung gehörte es ja auch, sich Notizen zu machen. In meiner Schreibtischschublade fand ich ein Heft. Der morgige Tag konnte also kommen – ich war vorbereitet. Gut gelaunt verbrachte ich den Rest des Tages zu Hause.

Bevor ich ins Bett ging, las ich noch einmal Robert Wolfs Brief, damit ich auch ja nichts vergaß. Das Heft legte ich mit einem Stift auf den Küchentisch. Ich stellte meinen Wecker 15 Minuten früher als gewohnt und legte mich hin. Ich beobachtete meinen Atem. Das beruhigte mich und ließ mich gleich einschlafen.

Erfolg beginnt da,
wo ich einmal mehr aufstehe,
als ich hingefallen bin.

3

Der Eingangstest

Das Klingeln des Weckers holte mich aus dem Tiefschlaf. Ich rappelte mich hoch und schlurfte ins Bad. Da fiel mir auf einmal meine Übung ein. Ich hielt mein Gesicht unters kalte Wasser, trank noch einen Schluck und ging ins Wohnzimmer.

Dort hatte ich genug Platz. Ich legte mir ein Kissen auf den Boden, setzte mich darauf und stellte den Timer ein. Einmal bewusst tief ein- und ausatmen, die Augen schließen und beobachten. Unmengen von Gedanken schossen mir durch den Kopf. Ich versuchte, mich auf den besagten Augenblick zu konzentrieren. Das war echt nicht einfach. Ich hätte nie gedacht, dass man am laufenden Band dachte, obwohl man doch an nichts denken sollte. Aber da trickst uns das Unterbewusstsein eben aus. Folgendes schrieb ich an diesem Morgen in mein Heft:

Tausend Gedanken und eine neue Erfahrung! Ich fühle eine Ruhe in mir, die mich entspannt. Schade, dass ich meinen Meister nur vom Telefon her kenne. Ich halte durch!

Auf dem Weg ins Büro dachte ich darüber nach, mit wem ich darüber sprechen könnte. Vielleicht mit meiner Kollegin, mit der ich auch Privates besprach? Nein, ich wollte es erst einmal für mich behalten. Vielleicht würde sie denken, dass ich verrückt sei, weil ich jetzt zu meditieren anfing. Aber Isabell könnte ich heute Abend anrufen.

Bevor ich am späten Montagnachmittag mein Büro verließ, schickte ich Isabell eine SMS:

Lass uns telefonieren!!!

Es kam keine Antwort. Sicherlich hatte sie im Büro noch zu tun. Auf dem Nachhauseweg zeigte mir der Signalton an, dass sie die SMS beantwortet hatte.

Bin jetzt auf Sendung las ich, als ich mein Auto abgestellt hatte. Ich lief die Treppen nach oben und rief Isabell sofort an.

Mit aufgeregter Stimme meldete sie sich. »Und! Erzähl!«

»Also, ich habe den Meister telefonisch erreicht, und stell dir vor – er würde mich als Schüler annehmen! Allerdings muss ich erst noch einen Test bestehen, bevor er sich mit mir trifft.«

»Was soll das denn?«

»Er will erst einmal wissen, ob es mir ernst damit ist«, sagte ich ganz gelassen.

»Was musst du machen?«

»Jeden Morgen zehn Minuten meditieren und das 21 Tage am Stück. Wenn man einen Tag auslässt, dann geht das Ganze wieder von vorne los.«

»Meditieren?«, fragte Isabell überrascht. »Hast du das schon einmal gemacht?«

»Nein, aber es ist gar nicht so schwer. Heute Morgen habe ich angefangen.«

»Hey, coole Idee! Ich glaube, ich versuche das auch einmal. Ich habe zwar im Yoga schon öfter autogenes Training gemacht, aber so richtig meditieren?! Weiß eigentlich gar nicht, wie das geht. Gibt es da eine Anleitung?«

»Ja, hab ich! Weißt du was, ich kopier sie dir, und dann kannst du es auch ausprobieren.«

Super! Dann können wir uns austauschen. Wie war der Typ denn am Telefon?«

»Sympathisch und auch sehr verbindlich. Ich werde mich darauf einlassen, weil ich diese Chance unbedingt nutzen will.«

»Sag bloß nie wieder, dass das mit meinen Keksen Unsinn ist!«, neckte mich Isabell.

»Ist ja gut«, gab ich kleinlaut zurück. »Ich schick dir auch gleich morgen die Kopien, und dann können wir ja mal nächste Woche telefonieren, um uns von unseren Erfahrungen zu berichten.«

Wir verabschiedeten uns. Ich holte den Brief und steckte ihn gleich in meine Bürotasche, damit ich nicht vergaß, die Kopien zu machen. Ich war sehr gespannt darauf, wie es Isabell mit der Übung ergehen würde.

Am Dienstagmorgen nach der Meditation wurde mir bewusst, wie viele Dinge ich schon automatisch tat, ohne noch darüber nachzudenken, und beschloss, einfach jeden Tag eine Viertelstunde früher aufzustehen. Mein Eintrag ins Tagebuch lautete:

Warum 21 Tage? Robert Wolf danach fragen. Ich fühle mich
ruhig und entspannt. Zehn Minuten gehen schnell vorbei, aber
so gerade zu sitzen ist ungewohnt, das braucht Übung. Stehe
jetzt jeden Tag eine Viertelstunde früher auf.

Schon am Mittwochmorgen merkte ich beim Aufwachen,
dass ich anfing, mit mir zu verhandeln. Ich hatte keine Lust.
Es war so kuschlig warm in meinem Bett und so verlockend,
noch liegen zu bleiben. Noch einmal rumdrehen. Das erinnerte mich an meine Schulzeit. Von Isabell wusste ich, dass sie
sich den Wecker manchmal eine halbe Stunde früher stellte,
und es dann besonders genoss, noch einmal einzudösen.

Also, was sollte ich machen? Aufstehen oder liegen bleiben? Das war merkwürdig. Es war so, als ob ich mit einem
Fremden verhandeln würde. Als würde einer sagen: »Bleib
liegen!«, und ein anderer rief: »Steh auf!«. Es hatte ja keinerlei
Konsequenz, wenn ich den Meister nicht mehr anrufen würde. Verdammt, was dachte ich da?! Ich gab mir einen Ruck
und stand auf. Ich hatte gegen meinen inneren Schweinehund gewonnen. Ich konnte das Versagensgefühl förmlich
spüren, das ich haben würde, wenn ich diese 21 Tage nicht
schaffte. Ich ging ins Wohnzimmer, setzte mich auf mein Kissen und meditierte zehn Minuten. Mein Eintrag:

Ich habe mit mir verhandelt, und ich habe gewonnen! Ich bin
stolz auf mich. Es kommen immer noch so viele Gedanken,
aber ich fühle mich hinterher immer sehr gut!

Am Donnerstag stand ich sofort beim Klingeln des Weckers
auf – ohne zu verhandeln. Die zehn Minuten vergingen heute

wie im Flug. Es fing an, mir Spaß zu machen. Ein Stück dieser Ruhe und Entspanntheit nahm ich auch mit ins Büro.

Bei einem Meeting ertappte ich mich dabei, wie ich vor lauter Langeweile anfing, meinen Atem zu beobachten. Es fiel niemandem auf. Und es sprach ja nichts dagegen, das auch tagsüber zu machen. Ich stellte mir den Moment vor, wenn ich meinen Meister anrufen und ihm sagen würde, dass ich es geschafft hatte. Heute war ich überzeugt davon, dass mir das gelingen würde.

Am Freitag hatte ich den Wecker ausgeschaltet, nachdem er geklingelt hatte. Anstatt sofort aufzustehen, drehte ich mich noch einmal um, und ich hätte fast verschlafen. Ich ärgerte mich sehr über mich, als ich feststellte, dass ich für die Meditation zu spät dran war, und beschloss, die Übung am Abend zu machen.

Als ich nach einem ziemlich stressigen Bürotag nach Hause kam, sah ich mein Tagebuch auf dem Küchentisch liegen. Es erinnerte mich zum Glück an meine Meditation. Vermutlich hätte ich sonst nicht mehr daran gedacht.

Vor dem Schlafengehen setzte ich mich im Schlafanzug auf das Kissen im Wohnzimmer und begann mit meinem Ritual. Ich war achtsam für den Augenblick, bevor mein Körper ohne mein Zutun wieder von selbst Luft holte. Ich merkte, wie ich entspannen konnte. Trotzdem wirbelten immer noch viele Gedanken in meinem Kopf herum. Aber ich schaffte es, immer wieder zu meiner beobachtenden Haltung zurückzukommen. Tagebucheintrag:

Zum Glück gerade noch geschafft! Nach dem anstrengenden Tag bin ich jetzt entspannt und werde sicherlich gut schlafen.

Am Samstag schlief ich aus und überlegte nach dem Aufstehen, ob ich die Meditationsübung jetzt gleich machen sollte. Es war jedoch in diesem Augenblick viel verlockender, zuerst einen Kaffee zu trinken und die Zeitung zu lesen. Heute war im Lauf des Tages noch genug Zeit dafür. Ich hatte nichts Bestimmtes vor. Aha, ich merkte gerade, dass ich schon wieder mit mir verhandelte. Diesmal allerdings zu Gunsten meines inneren Schweinehundes, denn ich verlegte die Meditationsübung auf den Abend. Das hatte gestern ja auch funktioniert.

Doch als ich sonntags morgens aufwachte, erschrak ich regelrecht – ich hatte Vorabend nicht mehr meditiert. So ein Mist! Wie blamabel! Und ich war mir so sicher gewesen, dass ich es gleich beim ersten Anlauf schaffte. War ich jetzt durchgefallen? Wie konnte das passieren?

Mit Indira war ich gestern Abend um die Häuser gezogen. Der Rotwein beim Italiener – hervorragend. Leicht angesäuselt war ich nach Hause gekommen und hatte mich nach einem kurzen Abstecher ins Bad gleich ins Bett gelegt. Wäre ich noch in der Küche gewesen, hätte mich mein Tagebuch sicherlich an mein Vorhaben erinnert. Das alles war mir wohl noch nicht in Fleisch und Blut übergegangen. Total frustriert saß ich mit einer Tasse Kaffee in meinem Sessel, hörte ruhigen Jazz und dachte nach. Machst du jetzt weiter oder nicht?

Ich rief Isabell an, um mich mit ihr zu beratschlagen. Wie ihr's wohl mittlerweile ergangen war?

»Isabell?«, sprach ich mit belegter Stimme ins Telefon.

»Ben, was ist los? Ist was passiert?«, fragte sie gleich beunruhigt.

»Hast du die Kopien bekommen?«, fragte ich.

»Ja, danke! Ich hatte dir doch eine SMS geschickt.«

»Oh, bei mir kam nichts an. Na ja … Sag, hast du die Übung schon mal gemacht?«

»Nee, leider nicht. Ich hatte so viel um die Ohren diese Woche und bin noch nicht dazu gekommen. Warum?«

»Ich hab angefangen und gestern Abend vergessen, zu meditieren. Bin total enttäuscht von mir!«

»Ach, Ben, das kann doch mal passieren«, tröstete sie mich. »Fang doch einfach noch mal an.«

»Hmmmm«, meinte ich nur.

»Sorry, Ben, ich bin verabredet und schon viel zu spät dran. Lass uns doch ein andermal telefonieren.«

Und schon hatte sie aufgelegt.

Ich trank ein paar Schlucke von meinem Kaffee. Dann nahm ich Robert Wolfs Brief zur Hand und las ihn erneut durch.

Wenn du einen Tag auslässt, dann beginnen die 21 Tage von vorn. Das war die Regel. Ich las bis zum Ende weiter, und da stand:

Verbinde die Übung mit einer bestehenden Routine. Die Ausnahme ist dein größter Feind!

Ja, und dieser Feind hatte sich nun deutlich gezeigt. Was war jetzt? Nahm der Meister nur Schüler, die es beim ersten Mal geschafft hatten? Das wäre echt schade! Ich könnte auch schummeln. Das merkte ja keiner. Aber das passte nicht zu mir. Wenn, dann richtig. Oder gar nicht. Und so schnell wollte ich nicht aufgeben.

Ich nahm mein Tagebuch und zog einen Strich unter die Stelle meines letzten Eintrags. Darunter schrieb ich:

Ich ziehe das jetzt durch! Die Ausnahme ist mein größter Feind! Ich werde die Meditation jeden Morgen nach dem Duschen machen. Also: aufstehen, duschen, meditieren, anziehen, frühstücken, losgehen. Das ist jetzt beschlossene Sache! Dann wird es eben Februar, bis ich den Meister anrufe.

Das Thema »Meditation« faszinierte mich zusehends. Ich wollte mehr darüber wissen und beschloss, ein wenig im Internet zu recherchieren. Zu diesem Thema gab es interesssanterweise viel mehr, als ich gedacht hatte. Zum Beispiel konnte ich erfahren, dass es sich bei der Meditation um eine Reihe von Geistesübungen handelte, die den Praktizierenden mit bestimmten geistigen Prozessen vertraut machen sollten. Auch in uralten Kulturen mit langer Meditationskultur galt die Meditation weder als magisch noch als geheimnisvoll. Es war eine Methode zur Geistesschulung.

Das große Geheimnis der Meditation besteht vor allem im Anfangsstadium darin, dass man sich in einen Zustand versetzt, in dem der Geist entspannt und aufmerksam zugleich ist. Mit der Zeit wird man dann immer konzentrierter und stabiler und kultiviert drei wunderbare geistige Eigenschaften:

Ruhe, Klarheit, Glück.

Das nennt man auch konzentrierte Gelassenheit.

Ich habe gelesen, dass Google alle seine Mitarbeiter ein mehrwöchiges Programm absolvieren lässt, bei dem sie zu meditieren lernen.

Ich konnte auf jeden Fall bestätigen, dass mir die Meditation guttat. Auch die Disziplin aufzubringen, jeden Tag etwas zu tun, was man vorher nicht getan hat, trug Früchte. Ich erwischte mich im Job öfter dabei, dass ich Dinge eher tat, auch wenn ich keine Lust dazu hatte.

Ich startete meinen zweiten Anlauf am darauffolgenden Montag. Ohne Ausnahme, auch am Wochenende, stellte ich mir den Wecker immer 15 Minuten früher als bisher. Ich setzte mich auf das Kissen im Wohnzimmer und machte jeden Tag neue Erfahrungen beim Meditieren. An manchen Tagen klappte es sehr gut, an anderen fiel es mir besonders schwer. In der zweiten Woche erhöhte ich auf 13 Minuten. Die Zeit ging immer schneller vorbei, und ich merkte, dass ich auch tagsüber ruhiger wurde. Irgendwie fiel es mir leichter, mich zu konzentrieren.

Die größte Herausforderung war für mich ein Tag, an dem ich aus geschäftlichen Gründen bereits um 5.30 Uhr von zu Hause losfahren musste, weil ich ein Seminar hatte. Normalerweise wäre ich um 5.00 Uhr aufgestanden. Aber man konnte sich auch um 4.45 Uhr aus dem Bett schwingen. Ich wollte es mir beweisen, und es ging!

Aber immer wieder erlebte ich dieses elendige Verhandeln mit mir selbst. Und immer wieder musste ich mich für diese Gewohnheit aufs Neue entscheiden. Die Zähne putzte ich mir automatisch. Wie lange es wohl dauern würde, bis das Meditieren genauso zum Automatismus wurde?

Mir fielen jede Menge Ausreden ein. Als wollte mich jemand davon abhalten. Doch ich nahm die Herausforderung an. Ich wollte es mir beweisen. Im Flur hatte ich einen Zettel an die Pinnwand gehängt und machte jeden Morgen, nachdem ich meditiert hatte, ein Kreuz. So konnte ich sehen, wie viele Tage ich schon geschafft und wie viele ich noch vor mir hatte. Das half mir ungemein.

Stolz saß ich am 6. Februar, einem Samstag, am Küchentisch und blätterte in meinem Tagebuch, vor mir der Zettel mit 21 Kreuzen. Bedeutungsvoll klebte ich ihn in mein Tagebuch. Ich hatte durchgehalten! Und die Meditation tat mir so gut, dass ich auf jeden Fall weitermachen wollte.

Nun hatte ich die Voraussetzung dafür erfüllt, meinen Meister anrufen zu dürfen. Würde sich Robert Wolf noch an mich erinnern? War er davon ausgegangen, dass ich es schaffte? Seine Mobilnummer hatte ich unter dem Stichwort »Meister« abgespeichert.

Ich schaute auf die Uhr. Es war 11 Uhr. Konnte ich ihn samstags um diese Zeit anrufen? Klar! Ich war fest entschlossen, meinen Meister zu informieren. Würde er mich ablehnen, weil ich es nicht beim ersten Anlauf geschafft hatte? Beim Wählen zitterten meine Hände. Es ging niemand dran. Eine Stunde später versuchte ich es erneut. Wieder grummelte mein Magen, weil ich nervös war, und der Zeitraum zwischen den Ruftönen kam mir unendlich lang vor. Ich wollte gerade auflegen, als er sich meldete: »Robert Wolf, guten Tag.«

»Hallo, hier ist Ben Neumann, Ihr hoffentlich zukünftiger Schüler«, sagte ich ganz aufgeregt. »Ich habe jeden Tag meditiert und die 21 Tage durchgehalten. Allerdings habe ich es erst beim zweiten Anlauf geschafft und kann mir nur wünschen, dass Sie mich noch als Schüler annehmen.«

»Wie schön, von Ihnen zu hören! Und wie schön, dass Sie so ehrlich sind!«, meinte er. »Ich finde es gut, dass Sie nicht aufgegeben und ein zweites Mal angefangen haben. Das Stolpern ist eine wichtige Erfahrung gewesen.«

Ich war überrascht und freute mich zugleich.

»Ja, man muss auch hinfallen können und lernen, damit positiv und konstruktiv umzugehen«, fuhr Robert Wolf fort. »Das ist ein wichtiger Bestandteil des geheimen Wissens, in das ich Sie einweisen werde.«

Ich fühlte mich so erleichtert, und da platzte es auch schon aus mir heraus: »Nehmen Sie mich denn jetzt als Schüler auf?«

»Ja, Sie sind angenommen, und ich bin stolz auf Sie! Lassen Sie uns einen Termin vereinbaren. Ich wohne in Bonn, das ist ja nicht weit weg von Ihnen.«

Ich stand in meinem Wohnzimmer, ballte meine linke Hand zur Faust wie ein Sieger und grinste breit. Was sollte ich jetzt sagen? Da kam mir mein Meister zuvor.

»Wann passt es denn bei Ihnen?«

»Immer«, rutschte es mir spontan heraus.

»›Immer‹ ist eine spannende Antwort. Dann mache ich einen Vorschlag. Was halten Sie davon, wenn wir uns heute am späten Nachmittag bei mir zum Tee treffen? Ich wohne in der Prinzenallee 36 im Villenviertel von Bad Godesberg.«

»Super, das geht ja schnell!«

»Wunderbar! Dann würde ich sagen, bis heute Nachmittag. Und vergessen Sie Ihre Notizen nicht.«

Ich legte auf und konnte es kaum fassen …

Ich würde meinen Meister noch heute persönlich kennenlernen. Bisher kannte ich ja nur seine Stimme und seine Handschrift. Wie er wohl aussah?

Es war jetzt kurz vor 14 Uhr, und ich hatte noch genügend Zeit. Samstagnachmittags waren die Straßen frei, da brauchte ich eine knappe Stunde bis Bad Godesberg. Ich beschloss, noch eine Runde am Rhein zu laufen. Das war jetzt das Beste gegen die Aufregung. Ich hätte es nicht ausgehalten, die ganze Zeit in meiner Wohnung zu sitzen.

Kurz vor 16 Uhr saß ich fertig angezogen mit einer Tasse Kaffee am Küchentisch und blätterte noch einmal meine Aufzeichnungen durch. Dann verließ ich die Wohnung. Da ich frühzeitig losgefahren war, fuhr ich sehr entspannt in Richtung Bonn. Die Straßen waren heute wie leer gefegt. Und da tauchte auch bereits das Schild »Bad Godesberg« vor mir auf.

Wir haben die Freiheit,
jeder Situation die Bedeutung
zu geben, die wir wollen.

4
Das erste Treffen

Auffallend viele schöne Häuser standen im Bad Godesberger Villenviertel. Hier ließ es sich bestimmt gut leben. Die Prinzenallee war leicht zu finden. Ich fuhr am Haus Nummer 36 vorbei und parkte um die Ecke. Ich stellte meinen Sitz etwas zurück, legte eine Jazz-CD ein und lauschte der Musik. Was sollte ich ihm erzählen? Was würde er mich fragen? Gab es noch einen Test? Durfte ich mit jemand anderem über das Geheimnis reden? Endlich war es so weit. Um Punkt 17 Uhr stand ich vor dem Haus meines Meisters.

Ich öffnete das Gartentor und ging den gepflasterten Weg entlang, der zum Hauseingang führte. Vor der eindrucksvoll restaurierten Haustür blieb ich stehen, atmete einmal tief durch und drückte den Klingelknopf. Kurze Zeit darauf hörte ich Schritte und sah einen Schatten durch das Türfenster.

Ein gepflegter Herr um die fünfzig öffnete mir die Tür und lächelte mich freundlich an. »Hallo, kommen Sie doch herein. Der Tee ist gleich fertig.« Er reichte mir zur Begrüßung die Hand und führte mich anschließend in das Wohnzimmer im Erdgeschoss, wo er mir anbot, in einem von zwei Sesseln, zwischen denen ein kleiner antiker Tisch stand, Platz zu nehmen.

Als Erstes fiel mir sein dunkles Haar auf. Er trug eine beige Hose und ein blau kariertes Hemd und machte einen sehr entspannten Eindruck. Als er in der Küche verschwand, um den Tee zu holen, schaute ich mich interessiert um. Durch eine hohe, weiße doppelflügelige Tür konnte ich in den Nebenraum sehen, dort war ein langer Klostertisch mit Stühlen zu erkennen.

Es gab noch eine zweite Tür, die jedoch geschlossen war. Ganz leise war Jazz-Musik zu hören: Klavier, Bass und Schlagzeug. Der Raum war mit einer Mischung aus modernen Möbeln und antiken Stücken eingerichtet. An der Wand hing ein riesengroßes Glasbild, auf dem ein Torero und ein schwarzer Stier zu sehen waren. Geschmackvoll waren auf einer Kommode Karaffen und Bilderrahmen arrangiert. Während ich mich noch umschaute, betrat er wieder den Raum. Er trug eine Teekanne, die er auf dem Tisch absetzte.

Nachdem er uns eingeschenkt hatte, setzte er sich in den anderen Sessel. Er lächelte mich freundlich an und sagte: »Schön, dass wir uns kennenlernen.«

Ich legte mein Tagebuch auf den Tisch und nahm die dampfende Teetasse entgegen. Ich genoss die Wärme in meinen Händen und trank einen ersten Schluck. Es war ein milder schwarzer Tee. Auch er trank und schwieg eine Weile.

Doch er schien meine Nervosität zu spüren. »Erzählen Sie mir von sich, ich höre Ihnen zu«, sagte er dann.

Jetzt lag es an mir. Wie sollte ich anfangen? Ich spürte, wie meine Aufregung meinen Magen verkrampfte. Stellt man sich erst vor?

»Also, ich bin 34 Jahre alt und arbeite in Köln. Seit Jahren nehme ich mir immer wieder Dinge vor und bin dann frustriert, weil am Ende nichts klappt. Na ja, und dann habe ich an Silvester einen Glückskeks geschenkt bekommen, der mir unsere Begegnung vorhergesagt hat. Nun sitze ich hier und bin gespannt auf die Geheimnisse, die nur von Meister zu Schüler weitergegeben werden. Und natürlich hoffe ich, Sie sind nicht böse, dass ich den Brief gelesen habe, der nicht an mich gerichtet war.«

»Ich bin froh, dass Sie den Brief gelesen haben. Sonst säßen Sie heute nicht hier.« Während er das sagte, ging ein Strahlen über sein Gesicht.

Ich war erleichtert.

»Wie gesagt: Ich glaube nicht an Zufälle. Ich glaube daran, dass uns etwas zufällt. Aber die Voraussetzung ist, dass wir aufmerksam sind, sonst nutzen wir die Gelegenheit nicht, die uns der Augenblick bietet. Wir brauchen ein Ziel und erkennen dann auch Situationen und Menschen, die uns auf dem Weg zum Ziel weiterbringen. Sie sagen, dass Sie unzufrieden waren und dass Ihnen der Brief in die Hände fiel. Ohne die Unzufriedenheit, ohne den Wunsch, etwas zu ändern, hätten Sie sich sicherlich nicht meine Telefonnummer notiert und mich angerufen. Sie waren bereit, haben die Situation erkannt und die Gelegenheit beim Schopf gepackt. Andere sagen dazu ›Zufall‹.«

So hatte ich noch nie über das Thema »Zufall« nachgedacht.

Mein Meister schaute mich interessiert an, und ich fuhr fort: »Als ich die Meditationsübung erst beim zweiten Anlauf geschafft habe, dachte ich schon, ich sei als Schüler durchgefallen. Ich bin wirklich erleichtert, heute hier sein zu dürfen. Ich habe auch mein Tagebuch mitgebracht.« Ich nahm es vom Tisch und hielt es stolz hoch.

»Darf ich es einmal sehen?«

Ich reichte es meinem Meister über das kleine Tischchen hinweg. Ich lehnte mich im Sessel zurück, trank genüsslich einen Schluck Tee und merkte, dass ich mich langsam entspannen konnte. In aller Ruhe las Robert Wolf meine Eintragungen und nickte dabei. Er lächelte. »Hier haben Sie neu angefangen«, hörte ich ihn sagen. Er war auf der Seite angekommen, auf der ich den dicken Strich gezogen hatte, nachdem ich beschlossen hatte, einen zweiten Anlauf zu nehmen.

»Ich kann sehen, dass Sie wirklich motiviert sind. Das ist die Grundvoraussetzung für unsere Zusammenarbeit. Es gab in der Vergangenheit immer wieder Schüler, die nur die Geheimnisse wissen wollten, aber sie wollten nicht an sich arbeiten. Sie haben sicherlich eine Menge Fragen?!«

Ich nickte.

»Am besten erzähle ich Ihnen zu Beginn etwas von mir und wie ich zu den Geheimnissen gekommen bin.« Während er das sagte, beugte er sich in seinem Sessel nach vorn und schenkte uns beiden Tee nach. »In meinem ersten Leben war ich Kriminalbeamter bei der Drogenfahndung.«

»Sie haben als Drogenfahnder gearbeitet?«, platzte es aus mir heraus.

»Ja genau, das habe ich insgesamt 16 Jahre lang gemacht. Mit langen Haaren, Ohrring und zerschlissenen Jeans war ich in der Szene unterwegs. Es war ein aufregendes Leben. Mit 34 Jahren habe ich dann meinem Leben eine neue Richtung gegeben. Zu diesem Zeitpunkt war ich sehr unglücklich in meinem Beruf und wurde immer öfter krank. Am Schluss war ich nicht mehr arbeitsfähig. Ich konnte nicht das in meine Tätigkeit einbringen, was mich ausmachte. Meine Vorgesetzten legten mir nahe, mich pensionieren zu lassen. Das hatte mir mein Stolz aber verboten.

Das Verrückte war, dass ich bereits nach zwei Jahren im Polizeidienst wusste, dass ich dort nicht bleiben wollte, da nicht hinpasste. Dachte allerdings, dass ich vielleicht mein Glück finden würde, wenn ich Kriminalkommissar würde und in der Drogenfahndung arbeitete. Dazu brauchte man Abitur und Studium. Gesagt, getan – ich hatte mich für diese Laufbahn beworben, den Eingangstest bestanden, mein Abitur nachgemacht und studiert. Zugegebenermaßen war ein Anreiz auch, dass das damals alles bei voller Bezahlung ging. So blieb ich also erst einmal dabei. Außerdem gab mir die Aussicht, Beamter auf Lebenszeit zu sein, natürlich auch ein Stück Sicherheit«, sagte er und lächelte in sich hinein.

Ich war total überrascht, hörte aber weiter konzentriert zu.

»Als ich dann endlich Kriminalkommissar war und als Drogenfahnder arbeitete, merkte ich schnell, dass mich das trotzdem nicht glücklich machte. Letztendlich habe ich dann den Beamtenstatus aufgegeben und ein eigenes Unternehmen gegründet. Ohne fremde Hilfe habe ich mir aus dem Nichts eine neue Existenz im Bereich Finanzdienstleistungen aufgebaut. An dem Tag, an dem ich meine Kündigung einreichte, beschloss ich, jeden Monat mehr zu verdienen als der Polizeipräsident. Und das ist mir bis zum heutigen Tag auch gelungen. Es gab damals nur zwei Menschen, die mir das zutrauten: meine Frau und mein Freund Cornelius. Beim Abschied sagte er mir: ›Wenn einer das schafft, dann du!‹ Das werde ich nie vergessen.«

»Wie kamen Sie denn dazu, einen so spannenden Job aufzugeben?«

»Ich habe viele Dinge erlebt, die die meisten nur aus dem Fernsehen kennen. Man macht in kurzer Zeit so viele Erfahrungen wie in keinem anderen Beruf. Als junger Mann fand ich das natürlich aufregend, Verdächtige zu beschatten, Telefongespräche mitzuhören, in denen ein Drogendeal verabredet wurde. Aber am Ende hat mich mein Beruf nicht glücklich gemacht. Es war nicht meine Bestimmung. Ich habe nur noch funktioniert, konnte meine Talente nicht verwirklichen. Heute weiß ich, dass ein Mensch in seiner Arbeit immer dann sein Glück findet, wenn er eine Leidenschaft für das verspürt, was er tut. Dann fühlt es sich auch nicht wie Arbeit an.

Erschwerend kam hinzu, dass ich erkennen musste, dass ich in meinem damaligen Beruf so wenig Perspektiven hatte, das zu tun, was mich mit Begeisterung erfüllte. Dafür geht es mir heute umso besser. Ich lebe mit meiner Familie ein glückliches Leben. Ich war bereit, den Preis dafür zu zahlen, und das Leben hat mich reichlich belohnt.

Für mein Umfeld und auch für meine damaligen Kollegen war das eine nicht nachvollziehbare Entscheidung. Selbst zum Polizeipräsidenten wurde ich gerufen. Es waren nur zwei Sätze, die ich in meiner Kündigung formuliert hatte. Er wollte wissen, ob es mir ernst sei. Und ich ließ mich auch von ihm nicht umstimmen und blieb bei meiner Entscheidung.«

Gebannt saß ich da und nickte anerkennend. Robert Wolf lächelte mir zu und erzählte weiter:

»Ich hatte damals jemanden kennengelernt, der mit seiner Frau eine Finanzdienstleistungsfirma aufgebaut hatte. Ich ließ mich von ihm beraten und erkannte sehr schnell, dass mir diese Tätigkeit auch Spaß machen würde. Ich wurde zuerst sein Mitarbeiter und später sein Partner. Wir halfen Leuten dabei, die günstigsten und wichtigsten Absicherungen zu finden. Es machte mir viel mehr Spaß, Menschen zu beraten. Dabei erkannte ich auch, dass ich anderen gerne etwas beibringe. Ich hatte bei der Polizei als Ausbilder gelernt, wie man Wissen vermittelt. Eines Abends saß ich nach einer Beratung zu Hause auf meinem Sofa, und da wurde mir klar, dass ich viel glücklicher und zufriedener war, wenn ich einer Arbeit nachging, die mich begeisterte. Ab diesem Augenblick reifte in mir der Entschluss, immer nur das zu tun, was mich begeisterte.« Robert Wolf nahm einen kräftigen Schluck Tee und fuhr dann fort: »Mit dieser Grundeinstellung lief die Selbstständigkeit eine Zeit lang sehr gut. Doch plötzlich blieb der Erfolg immer öfter aus. Ich schob Aufgaben vor mir her und blieb in einigen Bereichen nicht konsequent genug bei der Sache. Im Nachhinein weiß ich, dass es mir an Erfolgsgewohnheiten fehlte.

Eines Tages lernte ich bei einem Golfturnier einen alten Sergeant der US-Armee kennen. Nach dem Turnier saßen wir noch im Clubhaus und unterhielten uns. Irgendwann kamen wir auf das Thema ›Erfolg‹. Es war so beeindruckend, was er mir erzählte, und immer wieder sprach er im Zusammenhang der Zielerreichung vom Geheimnis guter Gewohnheiten. Als ich merkte, dass ich hier einen wahren Meister vor mir hatte, bat ich ihn spontan, mich in die Geheimnisse der Zielerreichung einzuweihen. Das kam für mich damals genau zur richtigen Zeit. Und so wurde er mein Coach und hat mich eine Zeit lang begleitet.

Auch ich musste als Eingangstest erst einmal die 21-Tage-Übung machen. Auch ich schaffte es erst beim zweiten Mal. Von ihm lernte ich den *Wert der Disziplin*, die *Macht der Gewohnheit* und den *Segen der Gelassenheit* kennen. Ich traf mich immer wieder mit ihm, erhielt Aufgaben und musste Protokoll darüber führen. Nur die konsequente Anwendung der Geheimnisse hat mich weitergebracht. Immer wieder musste ich ihm Rechenschaft ablegen, bis ich so weit war, dass ich meine guten Gewohnheiten, die mir Zufriedenheit und Erfolg bescherten, konsequent lebte.

Leider ist mein Meister vor ein paar Jahren gestorben. Aus Dankbarkeit gebe ich gerne sein Wissen und meine Erfahrungen an Menschen weiter, die ernsthaft an der Erreichung ihrer Ziele arbeiten wollen.«

Ich rückte in meinem Sessel hin und her. »Ein beeindruckender Lebensweg. Wie ging es dann weiter, und was machen Sie heute?«, fragte ich.

»Die konsequente Anwendung dieses Wissens hat mein Leben grundlegend verändert. Ich lebe jetzt so, wie ich es mir immer vorgestellt habe.

Ich baute meine erste Firma erfolgreich auf. Ich hatte bei der Polizei studiert und war Diplomverwaltungswirt. Damit konnte ich jedoch in der Finanzdienstleistung nichts anfangen. Ich brauchte eine entsprechende Qualifikation, also studierte ich nebenberuflich an der European Business School Finanzökonomie und Finanzplanung und erwarb den international anerkannten Abschluss des ›Certified Financial Planner‹. So konnte ich meine Kunden noch besser beraten.

Weil mir die Lehrtätigkeit als Ausbilder bei der Polizei so viel Spaß gemacht hatte, begann ich Seminare für Finanzdienstleister zu halten. Und so baute ich mir eine zweite Existenz auf. Nach und nach ließen sich auch Leute von mir coachen.«

Wieder wollte ich eine Frage stellen. Wieder machte mein Meister eine Pause und nahm einen Schluck Tee.

»Würden Sie es heute noch einmal so machen?«

»Ja, auf jeden Fall. Ich habe in meiner Selbstständigkeit auch einige Fehler gemacht und Enttäuschungen erlebt, aber am Ende war jede Erfahrung wichtig und notwendig. Es ist gut, dass man nicht vorher weiß, was auf einen zukommt. Ich hatte ein Ziel, das Schicksal hat mir einen Meister geschickt, der mich viele wichtige Dinge gelehrt hat, und ich habe aus meinen Fehlern gelernt.«

»Was war Ihre wichtigste Erfahrung?«

»Es gab einige wichtige Erfahrungen, aber am Ende war folgende Erkenntnis die wichtigste: Jeder ist ganz alleine für sich, seinen Erfolg und sein Glück verantwortlich. Weder andere Menschen noch Situationen, in die man hineingerät, tragen Schuld. Die Dinge sind, wie sie sind, doch wir haben die Freiheit, jeder Situation die Bedeutung zu geben, die wir wollen.«

»Diesen Satz finde ich sehr hilfreich. Den würde ich mir gern aufschreiben?«

»Natürlich dürfen Sie mitschreiben. Ich möchte Sie regelrecht dazu ermuntern.« Er reichte mir mein Heft und einen Bleistift, und ich schrieb los.

Wir haben die Freiheit, jeder Situation die Bedeutung zu geben, die wir wollen.

Ich schaute ihn interessiert an.

»Sie wollen sicherlich wissen, wie es dann weiterging?«

Ich nickte nur.

»Es bot sich mir die Chance, einen Softwarevertrieb aufzubauen. Es war eine Finanzplanungssoftware, die auf dem deutschen Markt etabliert werden sollte. Ich verkaufte meine alte Firma und stürzte mich in das neue Abenteuer. Diesmal ging es um das Thema ›Vertrieb‹. Ich beherzigte die Gesetzmäßigkeiten und wurde auch damit sehr erfolgreich. Unterdessen hielt ich auch Seminare, jetzt in der IT-Branche. In meine Arbeit ließ ich immer mehr das einfließen, was ich von meinem Meister gelernt hatte.

Dann erhielt ich einen Großauftrag. Ich sollte 100 Tage als Trainer arbeiten. Es ging um die Konzeption und Durchführung eines Managementprogramms. Meine Erfahrungen aus Führung und Vertrieb konnte ich hier einbringen. Es war erneut an der Zeit, sich zu entscheiden. Wieder wurde ich vor die Wahl gestellt, und wieder folgte ich meinem inneren Ruf. Ich hatte immer mehr meine Bestimmung gefunden und konnte das in meinem Beruf vereinen, was mich glücklich und zufrieden machte. Bei meinen Entscheidungen ließ ich mich immer wieder von einem Zitat meines Meisters leiten: *Gib deinem Sinn ein Leben!*

Da mich menschliches Verhalten schon immer interessiert hat, habe ich viele Bücher gelesen, die sich damit beschäftigen. Ich wollte wissen, ob man Verhaltensmuster, die einen erfolgreichen und glücklichen Menschen auszeichnen, erlernen kann. Motivation und Handeln wurden deshalb zu meinem Thema. Die Geheimnisse meines Meisters haben mir dabei sehr geholfen. Sowohl auf meinem persönlichen als auch auf meinem beruflichen Weg.

Als Trainer und Coach war ich oft sehr frustriert, dass die Seminarteilnehmer zwar viele neue Erkenntnisse erlangten, sie aber in der Folge nicht konsequent anwendeten. Traf ich sie später einmal wieder, berichteten sie, dass sie schon nach kurzer Zeit wieder in ihre alten Gewohnheiten zurückgefallen wären. Früher war mir das ja auch oft so ergangen.

Aus diesem Umstand entwickelte sich nach und nach meine Mission, den Menschen dabei zu helfen, dass sie ihre wahren Talente erkennen, leben und lieben und dass sie konsequent so handeln, dass sie glücklich und erfolgreich werden.

Schon bei der Polizei hatte ich beschlossen, mit 50 promoviert zu sein. Das klang damals für viele verrückt. Mit 46 Jahren habe ich dann meinen Professor kennengelernt und hatte die Möglichkeit, zum Thema ›Motivation und Handeln‹ meine Forschungen zu betreiben und zu promovieren. Ja, ich habe dann mit 50 auch diesen Lebenstraum verwirklicht. Die Anwendung des geheimen Wissens hat mich dabei immer vorangetrieben. Ohne dieses Wissen wäre ich gescheitert.«

Je länger ich meinem Meister zuhörte, desto klarer wurde mir, dass hier jemand vor mir saß, von dem ich sehr viel lernen konnte, weil er selbst diesen Weg gegangen war. Ich war mit dem richtigen Menschen zur richtigen Zeit am richtigen Ort.

»Auf Basis der Geheimnisse und meiner Erfahrungen habe ich eine Methode entwickelt, die Menschen dabei hilft, dauerhaft das in die Tat umzusetzen, was sie sich vorgenommen haben. Die Methode entwickelt sich weiter mit den Erfahrungen der Menschen, die sie anwenden. Auch Ihr Vormieter war ein Schüler, der die Geheimnisse von mir erfahren wollte.«

Ich stellte mir gerade vor, wie auch jener irgendwann in diesem Sessel gesessen hatte und dem Meister andächtig zuhörte. Ob Robert Wolf dafür wohl ein Honorar nahm?

»Jetzt machen Sie sich sicherlich Gedanken darüber, ob ich Ihnen eine Rechnung stelle?«

Konnte er Gedanken lesen?

»Nein, das tue ich nicht. Ich finde es toll, dass sich unsere Wege kreuzen, und es ist mir eine Freude, mit Ihnen zu arbeiten, und dafür möchte ich kein Geld. Geben Sie Ihr Wissen später einfach an einen anderen Menschen weiter, der Ihnen wichtig ist.«

Ich fühlte mich sehr geehrt, und mir war bewusst, dass ich soeben ein großes Geschenk erhielt.

»Nun erzählen Sie bitte, welche Erwartungen Sie an unsere Zusammenarbeit haben. Und vor allem interessiert mich, wie Ihre Meditationserfahrungen waren?«

»Ich glaube, ich kann meine Erwartungen sehr schnell auf den Punkt bringen. Ich möchte von Ihnen in das geheime Wissen eingeweiht werden. Ich möchte von Ihnen lernen, was ich tun muss, um meine guten Vorsätze dauerhaft in die Tat umzusetzen. Ich will es endlich schaffen, zweimal in der

Woche zum Laufen zu gehen, um so mein Wunschgewicht zu erreichen und auch zu halten.«

»Dann sind Sie bei mir genau richtig. Unter einer Bedingung: Ich akzeptiere in unserer Zusammenarbeit kein Gejammer. Deswegen wird die nächste Übung sich genau damit beschäftigen. Doch bevor ich die Übung erkläre, möchte ich, dass Sie Ihre Erfahrungen aus der 21-Tage-Übung für mich noch einmal zusammenfassen.«

Was hatte ich für Erfahrungen gemacht?

»21 Tage lang zehn Minuten etwas zu tun, was ich bis dahin noch nie getan hatte, hörte sich am Anfang ziemlich einfach an. Doch das war es nicht. Ich hatte noch keine Routine wie beim Zähneputzen, ich machte es noch nicht automatisch. Und genau das war die Herausforderung. Ich musste mich daran erinnern und mir Erinnerungshilfen schaffen.

Es erst beim zweiten Anlauf geschafft zu haben, habe ich zunächst als Schande empfunden. Aber das war es nicht. Die Erfahrung, es überhaupt geschafft zu haben, hat mich selbstbewusster gemacht. Und dass ich die Übung tatsächlich in Angriff genommen habe, löste ein Glücksgefühl in mir aus. Ich bin jetzt zuversichtlicher, auch andere Vorsätze erfolgreich in die Tat umzusetzen. Wenn man dann noch jemanden hat, vor dem man Rechenschaft ablegen kann, ist das ein Geschenk. Dadurch bin ich mir innerlich mehr verpflichtet. Sogar die inneren Verhandlungen, die ich immer wieder mit mir geführt habe, sind sehr hilfreich, wenn man sie bewusst wahrnimmt. Und die Tatsache, dass ich jede dieser Verhandlungen in den 21 Tagen gewonnen habe, ist eine wichtige Erfahrung für mich gewesen. Es hat mich motiviert. Außerdem war es hilfreich, sich jeden Tag Notizen zu machen. Dadurch wurde ich quasi gezwungen, meine Erfahrungen zu formulieren und sie auf diese Weise zu sammeln. So kann ich sie immer wieder nachlesen. Jedes Mal schwirrten so viele Gedanken in meinem Kopf herum, die ich sofort wieder vergessen hätte, hätte ich sie nicht aufgeschrieben.«

»Genau diese Erfahrung sollten Sie machen. Hätte ich es Ihnen nur erklärt, dann hätte es nicht so intensiv gewirkt. So haben Sie es selbst erlebt und gleichzeitig eine Methode entwickelt, sich selbst zu bezwingen. Das ist eine Basiskompetenz. Wie ging es Ihnen mit der Meditation?«

»Bevor ich die Achtsamkeitsmeditation gemacht habe, dachte ich, dass sie so gar nicht zu unserem Kulturkreis passt. Doch mit jedem Tag ging es besser. Ich bin jetzt gelassener und ruhiger und rege mich nicht mehr so schnell auf.

Jeder Tag ist auch anders beim Meditieren. Ich glaube, man darf daraus keine Leistung machen, sondern sollte wirklich versuchen, dabei nur die Haltung eines interessierten Beobachters einzunehmen. Die Gedanken kommen, man schenkt ihnen Beachtung und lässt sie ziehen, indem man sich wieder auf seinen Atem konzentriert. Auch wenn ich es noch nicht geschafft habe, für längere Zeit an nichts zu denken und nur den Atem zu beobachten, weiß ich, dass ich auf dem richtigen Weg bin. Auch tagsüber nutze ich immer wieder Gelegenheiten, um mich beim Atmen zu beobachten. Und seien es nur zehn Atemzüge. Ich bin dann gleich nicht mehr so gestresst. Vor wichtigen Gesprächen und Meetings mache ich das mittlerweile, um zur Ruhe zu kommen. Es stärkt mich, weil ich die Regie übernehme. Ich bestimme, auf was ich mich konzentriere.«

»Schön, dass du nach so kurzer Zeit schon diese gute Meditationserfahrung mit mir und vielen anderen Menschen, die auch regelmäßig die Achtsamkeitsmeditation pflegen, teilen kannst. Übrigens wurde wissenschaftlich bewiesen, dass durch die Meditationsübung bereits nach sechs Wochen das Immunsystem gestärkt wird. An deine letzte Bemerkung möchte ich anknüpfen. Du hast gesagt, dass du dich stärker fühlst, weil du die Regie übernommen hast.« Robert Wolf machte eine Pause und sagte dann: »Ich hoffe, es ist in Ordnung, wenn ich dich duze – das macht unsere Zusammenarbeit persönlicher.«

Ich fühlte mich gut dabei. »Wie darf ich Sie denn ansprechen?«, wollte ich wissen.

»Du kannst Robe zu mir sagen. So nennen mich meine Freunde.«

Das zu hören machte mich sehr stolz. Robe schaute mich mit einem Lächeln an. Die Stimmung im Raum war nun sehr besonders. Hätte ich zaubern können, hätte ich die Zeit für Stunden angehalten. Ich wollte so viel wissen, aber offensichtlich stand schon die nächste Übung an.

Robe setzte sich in seinem Sessel nach vorne und wirkte sehr konzentriert. »Die nächste Übung, die ich dir auftrage, wird genau damit zu tun haben, die Regie für dein Denken, Fühlen und Handeln und somit für dein Leben zu übernehmen. Du wirst bei dieser Übung ebenfalls die Haltung eines interessierten Beobachters einnehmen.«

»Lerne ich denn jetzt schon, wie ich meinen guten Vorsatz in die Tat umsetze?«, fragte ich Robe fasziniert.

»Nicht direkt. Wir schaffen erst einmal eine Grundlage dafür. Ohne diese Erfahrung wird es dir weitaus schwerer fallen, in der Umsetzung erfolgreich zu sein. Es geht um die Achtsamkeit für den Augenblick. Sie ist für dich und andere ein wichtiger Baustein bei einer Verhaltensanpassung.

Auch bei dieser zweiten Übung wirst du wieder notieren, was du denkst und fühlst. Der Fokus wird dabei auf folgender Beobachtung liegen: Es gibt Situationen, in denen sich dein momentanes Gefühl ändert. Du ärgerst dich zum Beispiel darüber, dass du im Stau stehst. Das ist die Haltung eines Betroffenen. Du fühlst dich ausgeliefert. So, als ob du nicht wüsstest, dass es einen Stau gibt.

Du wirst eine Woche lang ganz gezielt deine Achtsamkeit auf deine Gefühle richten.« Er stand auf und verließ den Raum. Nach einem kurzen Augenblick kam er zurück und überreichte mir ein weißes Heft, das so groß wie ein DIN-A5-Schulheft war. Auf der Frontseite stand in goldener Schrift: *Ich will, ich kann, ich glaube dran!*

»Für deine Notizen.«, erklärte Robe. »In diesem Heft notierst du eine Woche lang die Situationen, in denen du aus der Haltung eines Betroffenen heraus reagierst. Du hast das Heft am besten immer mit einem Stift in deiner Nähe. Wenn möglich, schreibst du es sofort auf, ansonsten vor der Mittagspause und abends, bevor du zu Bett gehst.

Ich gebe dir gerne noch ein Beispiel. Aus einer Opferhaltung heraus sagen wir oft: ›Ich hatte keine Zeit!‹ Keine Zeit zu haben ist jedoch ein Entschluss. Zudem erkennst du diese Haltung auch immer dann, wenn du jammerst. Mach dir deshalb bewusst, in welchen Fällen du dazu neigst zu jammern. Denn dann gibst du die Verantwortung für deine Gefühle an andere oder an die Situation als solche ab. Du fühlst dich als Opfer oder Betroffener.

Diese Übung ist eine Vorbereitung auf alles, was danach kommt. So lernst du in der Folge nach und nach, die Regie für dein Verhalten und letztendlich für dein Leben zu übernehmen.

Hier nun noch einmal die Zusammenfassung der Übung für die nächste Woche: Du wirst dich in alltäglichen Situationen beim Reagieren und Denken beobachten und Situationen identifizieren, in denen du geneigt bist, aus einer Opferhaltung heraus zu reagieren oder zu jammern.

Führe dein Tagebuch täglich, um bei unserem nächsten Treffen über die Situationen und Erkenntnisse konkret sprechen zu können.«

Ich rekapitulierte in Gedanken meine Aufgabe.

Doch dann ergriff Robe erneut das Wort: »Wir können uns dann in einer Woche wieder treffen. Am besten telefonieren wir am Samstag, um den nächsten Termin zu vereinbaren.« Während er das sagte, stand er auf und reichte mir die Hand.

Ich erhob mich ebenfalls und schaute ihn etwas verdutzt an.

»Ich weiß, du hast noch so viele Fragen, aber es ist wichtig, dass wir Schritt für Schritt deinen Erfolgsweg aufbauen. Lass dich auf die Übung ein, und mach die nächsten wichtigen Erfahrungen.«

»Danke, Robe. Es ist mir eine Ehre.«

»Ich freue mich auch auf unsere Zusammenarbeit, Ben.«

Als ich das Haus verließ, tanzte mein Herz vor Freude. Ich war meinem Ziel einen wichtigen Schritt näher gekommen.

Wer jammert, gibt die Verant-
wortung für seine Gefühle
an die jeweilige Situation oder
an andere Menschen ab.

5

Die Opferwoche

Am Sonntagabend legte ich mein neues Notizheft auf meinen Nachttisch und schlief zufrieden und voller Erwartung nach einem erholsamen Wochenende ein.

Als am nächsten Morgen der Wecker klingelte, dachte ich: Verdammt, wieder so früh aufstehen! O Gott, das ging ja schon gut los. Noch halb verschlafen, griff ich nach dem Bleistift, schrieb den ersten Opfersatz in mein Heft und machte mich dann an meine morgendliche Meditationsübung.

Während ich beim Frühstück auf die Uhr schaute, dachte ich, blöd, immer so früh losfahren, man weiß ja nie, wie man auf der Autobahn durchkommt. Erwischt. Ich hatte gejammert. Der nächste Eintrag war fällig. Ich könnte auch mit der Straßenbahn fahren, aber ich liebte die Freiheit loszufahren, wann ich es wollte, und eben nicht auf die öffentlichen

Verkehrsmittel angewiesen zu sein. Jeder weiß, dass es morgens in Köln überall Staus gibt. Warum sich also darüber beschweren?

Es war spannend, sich beim Denken zu beobachten. Und bei der dritten Ampel, die vor meiner Nase auf Rot sprang, merkte ich, dass sich das Gefühl in meinem Körper veränderte. Ärger stieg in mir auf. Aber warum ärgerte ich mich? Warum fühlte ich mich ausgeliefert? War ein Bedürfnis blockiert worden? Ja, das Bedürfnis, ungehindert an mein Ziel zu kommen. Im Büro angekommen, bereitete ich mich auf die Sitzung vor, die direkt um 9.00 Uhr angesetzt war. »Verdammt, mir fehlt heute Morgen die Zeit zum Planen!«, fluchte ich vor mich hin. Dass ich so oft jammerte und mich als Opfer fühlte, hätte ich nicht gedacht.

Auch diese Erkenntnis trug ich sofort in mein Heft ein. Ich hätte früher da sein können oder am Freitag zuvor die Planung für die kommende Woche machen können. Ziemlich hektisch ging ich die vorbereiteten Folien noch einmal durch und machte mich mit meinem Notebook unter dem Arm zum Konferenzraum. Ich stand vor den verschlossenen Aufzugtüren und merkte, dass ich nervös wurde. Wo blieb denn dieser verdammte Aufzug? Es waren nur drei Etagen, aber ich war zu faul zum Laufen. Da spürte ich, wie sich mein Gefühl in Wut veränderte. Du kannst ja auch gehen! Schon wieder war ein Eintrag fällig. Die Aufzugstür öffnete sich, während ich noch darüber nachdachte, wie automatisch ich auf diese Situation reagiert hatte.

Im Konferenzraum hatten sich schon einige Kollegen eingefunden. Ich suchte mir einen Platz, setzte mich hin und schenkte mir einen Kaffee ein. Ich hörte, wie sich zwei Kollegen unterhielten: »Immer diese unrealistischen Zielvorgaben.« Der andere Kollege antwortete: »Du kannst hier eh nichts ändern!«

Jetzt fiel mir das Jammern der anderen auf! Ich konnte in diesem und auch in den folgenden Meetings beobachten, wie oft sich die Kolleginnen und Kollegen als Opfer fühlten und nur so drauflosjammerten.

»Schuld sind die Kunden, die haben viel zu hohe Erwartungen«, oder »Ich habe keine Lust mehr auf den Mist hier!« und »Man fühlt sich wie im Hamsterrad!«

Mein Meister hätte jetzt sicher gesagt: »Dann kündigen Sie doch, wenn alles so schlimm ist!«

Ein erkenntnisreicher Tag ging zu Ende. Vor dem Einschlafen las ich mir noch einmal meine Aufzeichnungen durch und ergänzte das ein oder andere. Ich hatte mich mehr als 20-mal beim Jammern erwischt. Entweder gab ich anderen die Schuld, oder ich fühlte mich ohnmächtig einer Situation ausgeliefert – obwohl ich der Einzige war, der diese Gefühle beeinflussen konnte. Um das zu erkennen, musste man aufgewacht sein und vor allem aufmerksam. Ich las weiter: Hier kommt man immer so spät raus. Der Druck nervt. Den letzten Satz hatte ich unterstrichen. Da bleibt einem gar keine Zeit mehr für Sport. Das hatte ich ebenfalls markiert. Dahinter schrieb ich mit Rotstift: Ich habe beschlossen, mir keine Zeit für Sport zu nehmen. Ich habe beschlossen, so lange im Büro zu bleiben.

Interessant, dass ich das als Druck empfinde, dachte ich. Den Druck machte ich mir selbst, weil ich die Erwartung der anderen und die meines Chefs erfüllen wollte.

Es war Dienstag, und ich telefonierte mit einem Kunden. »Ich würde ja gerne, aber mir sind die Hände gebunden«, hörte ich mich sagen. Nach dem Gespräch nahm ich mein Heft und notierte den Satz. Ich habe beschlossen, hier zu arbeiten und die Interessen meines Arbeitgebers zu vertreten. Ich hatte meinen Arbeitsvertrag freiwillig unterschrieben. Warum also jammern?

Beim nächsten Mal werde ich sagen: »Sehen Sie, ich beurteile Situationen und treffe daraufhin Entscheidungen. Und es gibt Situationen, in denen muss ich aushalten, dass diese Entscheidung anderen Leuten nicht gefällt.«

Nach dem Mittagessen war wieder eine Notiz fällig: Immer nur drei Mahlzeiten im Angebot! Niemand hatte mich gezwungen, dort zu essen. In der letzten Firma gab es gar keine Kantine. Für fünf Euro konnte ich mir zu Hause kein Mittagessen kochen. Der Computer ist so langsam! war mein nächster Eintrag. Niemand hatte mir versprochen, dass Technik immer funktioniert. Früher mussten wir viel länger warten. Mein Vorgänger hatte noch Ordner voller Briefe gehabt, die er mit der Schreibmaschine getippt hatte.

Am Mittag rief meine Mutter an. Sie war seit fünf Jahren alleine. Auch sie ertappte ich beim Jammern: »Warum rufst du mich so selten an?« Ich suchte nach Ausreden. »Ich habe so viel Stress im Büro, Mama, und abends bin ich müde!«

Schon wieder gab ich anderen Umständen die Schuld, statt die Verantwortung für mein Verhalten zu übernehmen.

Auf dem Nachhauseweg ging ich noch kurz einkaufen. Ich brauchte nur ein paar Sachen, der Einkaufswagen war also nicht besonders voll. Als die Kassiererin dann den Preis von 65,80 Euro nannte, merkte ich wieder, wie sich mein Gefühl änderte. *Verdammt teuer hier!* Schon wieder gejammert. Ich alleine hatte die Lebensmittel und Getränke in meinen Wagen gelegt und niemand anders. Ich liebte guten Rotwein, da durfte die Flasche auch mehr als zehn Euro kosten.

Als ich den Supermarkt verließ, fand ich einen Strafzettel an der Windschutzscheibe. *Sauerei!*, dachte ich beim Einsteigen, als ich den Zettel vor Wut in der Hand zerknüllte. War das auch etwas für mein Heft? Ja! Ich hatte den Parkautomaten gesehen. Ich war zu faul gewesen, ein Ticket zu kaufen, und hatte gehofft, dass in den zehn Minuten keine Politesse vorbeikommen würde.

Am Abend stieg schon wieder Ärger in mir auf, weil ich keinen anständigen Film im Fernsehprogramm fand. Wofür zahle ich diese blöde Fernsehgebühren? Ein weiterer Eintrag war fällig. Ich wusste, dass nicht jeden Abend tolle Filme liefen. Ich könnte lesen oder mir einen Film ausleihen. Ein weiterer Tag ging zu Ende mit interessanten Einträgen in meinem »Jammerbuch«, wie ich es mittlerweile liebevoll nannte.

Am Samstagmorgen las ich die Zeitung, dann blätterte ich in meinem Heft und studierte die Einträge:

Ich habe ja keine andere Chance; teurer Kaffee im Straßencafé; lange Schlange am Postschalter; unrealistische Jahresziele von meinem Chef; dumme Bemerkungen eines Kollegen im Meeting; meine Steuererklärung; mein Kumpel, der sich lange nicht mehr bei mir gemeldet hatte; die Anzugshose, die mir nicht mehr passte; die vielen Kalorien in Chips und im Bier; das ewige Gepiepse, wenn eine neue Mail kam; die 80 Mails am Tag; die Einladung zum Geburtstagsumtrunk, die ich nicht ablehnen konnte; der Anruf eines Kollegen kurz vor Dienstschluss, der mich eine Stunde lang aufhielt; mein Blick auf die nicht erledigten Punkte am Abend; keine Zeit für Sport und Entspannung.

Ich jammerte verdammt oft, fühlte mich als Opfer und Situationen ausgeliefert. So geht es ja nur jemandem, der das Gefühl hat, dass er sich das alles gar nicht selbst ausgesucht hatte. Im Kopf war das logisch und klar, aber ich reagierte offensichtlich in vielen Situationen nicht logisch. Automatisch fiel ich in einen »Jammermodus«. Dass das so oft geschah und dass so viele Menschen in meinem Umfeld auch so oft jammerten, war mir bis dahin nicht bewusst gewesen. Mein Meister hatte recht: Wer jammert, gibt die Verantwortung für seine Gefühle an andere ab. Da fiel mein Blick auf das Zitat, das ich mir notiert hatte: Du hast die Freiheit, jeder Situation die Bedeutung zu geben, die du willst!

Warum nahm ich mir diese Freiheit nicht? Wie wäre mein Leben wohl weiter verlaufen, wenn ich mir dessen nie bewusst geworden wäre, wenn ich diesen Brief nicht aus Versehen geöffnet und meinen Meister nicht gefunden hätte?

Ich hatte keine Lust mehr, ausgeliefert zu sein. Aber ich war ja gar nicht ausgeliefert. Es war nur das Gefühl. Ich hatte in jeder Situation die Möglichkeit, aufzustehen und zu gehen. Und wenn ich die Situationen nicht ändern konnte, so konnte ich doch meine Reaktionen darauf ändern.

Das kostete Kraft, wenn ich aus diesem Automatismus ausstieg. Meine Gefühle zeigten mir in diesen Augenblicken, welche Bedürfnisse ich hatte. Schön, dass sich mein Unterbewusstsein immer meldet und mir dies über mein Gefühl anzeigt. Jetzt gilt es, achtsam zu sein, wenn ich merke, dass sich ein Gefühl ändert.

In der vergangenen Woche hatte ich öfter Wut gespürt. Zum Beispiel darüber, dass ich keine Zeit für meine Tagesplanung hatte. Ich hatte das Bedürfnis nach selbstbestimmtem Handeln. Die Wut zeigte mir, dass ich dieses Bedürfnis in dem Augenblick nicht ausleben konnte. Welche Optionen hatte ich? Nicht mehr wütend zu sein oder früher zur Arbeit zu gehen, um Zeit für die Tagesplanung zu haben. Oder schon am Abend vorher in Ruhe zu planen. Es gab die Freiheit, ich musste sie mir nur nehmen. Oder mich nicht mehr darüber aufregen! Sicherlich auch eine gute 21-Tage-Übung.

Du musst nur sterben,
alles andere in deinem Leben
kannst du selbst entscheiden.

6

Das zweite Treffen

Robe hatte mir angeboten, dass ich mich für einen neuen Termin am Samstag bei ihm melden könnte. Die Woche über hatte ich mehrfach den Wunsch verspürt, ihn einfach anzurufen und ihm meine Erkenntnisse mitzuteilen. Aber ich hatte es nicht getan. Nun war ich in freudiger Erwartung auf unsere zweite Begegnung und gespannt, was wohl die nächste Übung sein würde.

Gegen 14 Uhr schickte ich eine SMS:

»Hallo Robe, hast du heute Zeit?«

Kurze Zeit später kam seine Antwort. *»Klar, ich freue mich auf unser Treffen!«*

»Wo?«

»Komm um 15 Uhr an den Haupteingang vom Kölner Zoo.«

Im ersten Augenblick war ich verdutzt. Wie lange war das her, dass ich das letzte Mal im Zoo war? Damals mit meinen Geschwistern und meinen Eltern, als ich zehn Jahre alt war.

Ich fuhr mit der Bahn, weil es eine Haltestelle direkt am Zoo gab. Mein Heft nahm ich mit. Ich ging davon aus, dass Robe auch dieses Mal die Eintragungen lesen wollte. Ich war schon eine Viertelstunde vor der verabredeten Zeit da. Gemütlich schlenderte ich zum Haupteingang und setzte mich dort auf eine Bank. Es dauerte keine fünf Minuten, da erkannte ich meinen Meister in der Menge. Strahlend kam er auf mich zu.

»Hallo, Ben, wie geht's?«

»Hallo, Robe, schön, dass du heute Zeit hast.«

Er setzte sich zu mir auf die Bank.

»Und, wie war deine Woche? Was hast du erfahren? Hast du dir Aufzeichnungen gemacht?«

»Ja, ich habe mein Jammerbuch mitgebracht«, erwiderte ich und nahm es aus meiner Jacke.

»Aufschlussreich, dass du es ›Jammerbuch‹ nennst, aber natürlich, das genau solltest du ja beobachten. Lass es ruhig in deiner Jacke, und erzähl mir einfach, was du erlebt hast.«

»Ich habe mich sehr oft in Situationen erlebt, in denen ich gejammert habe. Mal war es eine rote Ampel, mal war es ein Strafzettel oder ein Kaffee, der zu teuer war. Mal waren es Kollegen und auch mein Chef. Aber ich habe auch über mein eigenes Verhalten gejammert. Was mich aber am meisten überraschte, war der Umstand, dass ich so oft jammerte und mich dabei ohnmächtig fühlte. Das ist mir bisher noch nie so bewusst gewesen. Deswegen bin ich dankbar für diese Übung. Mir ist aber auch bewusst geworden, dass die meisten Leute ständig jammern, ohne es zu merken.« Nachdem ich den Satz ausgesprochen hatte, ging eine junge Familie mit zwei Kindern an uns vorbei. Die Frau schob einen Kinderwagen, der Mann hatte ein zweites Kind an der Hand. Da hörten wir, wie der Mann zu seiner Frau sagte: »Der Eintritt hier ist viel zu teuer. Die Kinder sind noch viel zu klein, und gleich wollen sie wieder nur etwas Süßes essen, und weil sie das nicht dürfen, fangen sie an zu quengeln. Da hätten wir auch zu Hause einen Tierfilm anschauen können!«

Die Frau drehte sich nur um und strafte ihren Mann mit Blicken, ohne auf seine Worte einzugehen.

»Siehst du, der Mann hatte keine Lust, ist aber mitgegangen«, kommentierte Robe die Situation. »Wenn du etwas tust, dann tu es von ganzem Herzen und richtig, oder lass es. Sonst nimmst du dir die Möglichkeit, den Augenblick zu leben und es zu genießen, dass sich die Kinder über den Anblick der Tiere freuen. Ja, ein Zoobesuch kostet Geld. Aber das war dem Mann sicherlich bewusst.«

»Er wäre besser zu Hause geblieben«, bemerkte ich.

»Zu Hause hätte er sicherlich ein schlechtes Gewissen gehabt, also fügt er sich, auch wenn er dabei ein schlechtes Gefühl hat. Er ist ohnmächtig, weil er keine Alternative sieht.«

Robe erhob sich. »Lass uns im Zoo spazieren gehen. Beim Gehen kann man sich so wunderbar unterhalten.« Nachdem er an der Kasse zwei Karten gelöst hatte, betraten wir das Zoogelände.

»Wie schaffe ich es, mit dem Jammern aufzuhören?«, wollte ich von ihm wissen.

»Das Zauberwort heißt Achtsamkeit. Achtsamkeit erzeugt Bewusstsein«, erklärte Robe. »Das unterscheidet uns von den

Tieren. Die Hirnforschung lehrt uns, dass wir viele Gemeinsamkeiten mit den Tieren haben. Auch unser Gehirn arbeitet nach dem sogenannten Reiz-Reaktions-System – wie das der Tiere.«

Mein Blick fiel auf ein Kamel, das auf dem Boden lag und zufrieden wiederkäute.

»Ständig gibt es in unserer Umwelt Reize, auf die wir reagieren. In den allermeisten Fällen reagieren wir reflexartig auf die Information, die unser Gehirn verarbeitet hat. Was uns aber von den Tieren unterscheidet, ist der Umstand, dass wir in der Lage sind, über uns selbst nachzudenken und aus dem Automatismus der Reflexe auszusteigen.«

Wir blieben vor dem Gehege mit den Flamingos stehen. »Wenn wir die Tiere jetzt durch einen lauten Knall erschrecken, reagieren sie instinktiv und ergreifen sofort die Flucht. Obwohl manche von ihnen seit Jahren durch diesen Zaun geschützt sind, werden sie nicht in der Lage sein zu denken, *Mensch, da ist doch ein Zaun, mir kann gar nichts passieren.* Es ist ein konditionierter Reflex, der im Gehirn der Tiere abläuft.«

Robe deutete mir durch eine Handbewegung an, dass wir weitergehen sollten.

»Der laute Knall in meinem Beispiel wird im Gehirn des Tieres verarbeitet. Das Gehirn gleicht das Geräusch mit den Informationen und Instinkten ab, die es bereits kennt, und übermittelt dem Tier über ein Gefühl ein Signal. Das Tier reagiert auf diese Botschaft direkt.

Beim Menschen ist das ähnlich. Die Eindrücke und Situationen, die du ab dem Klingeln des Weckers am Morgen bis zum Einschlafen am Abend erlebst, sind für dein Gehirn Millionen von Reizen, die du über deine Sinnesorgane aufnimmst. Diese Reize werden an dein Gehirn weitergemeldet. Du hörst quietschende Reifen, riechst den Duft einer Rose oder trinkst einen guten Rotwein. Diese Reize sind grundsätzlich neutral. Erst die Verarbeitung durch dein Gehirn macht daraus für dich eine Information. Dein Gehirn prüft, ob diese Information für dich eine Relevanz hat. Wenn ja, dann wird überprüft, ob du das schon kennst und ob die Erfahrung damit bisher eher positiv oder negativ war. Verschafft sie dir Lust, oder bedeutet sie eine Bedrohung und erfordert deshalb eine sofortige Reaktion in Form von Angreifen, Verstecken oder Fliehen?

Im Bruchteil einer Sekunde erhältst du eine Rückinformation von deinem Gehirn. Diese Rückmeldung spüren wir als Gefühl in unserem Körper. Zum Beispiel ein gutes Gefühl im Bauch oder eine Anspannung im Schulterbereich. Bei dem Geräusch von quietschenden Reifen bringst du dich schnell in Sicherheit, bei Rosen denkst du vielleicht an den Valentinstag. Magst du Rotwein, dann spürst du Freude oder ein Wohlbefinden, je nachdem, welches Weingut und welcher Jahrgang auf dem Etikett steht.«

Ich nickte.

Wir waren vor dem Affengehege angekommen. Eine Affenmutter saß in einer Ecke mit ihrem Kind im Arm und lauste es.

»Sieh dir die Affen an. Die Hirnforscher gehen davon aus, dass wir uns gar nicht so sehr von den Affen unterscheiden. Jetzt stellt sich jedoch die Frage, wie es sein kann, dass zwei Lebewesen auf denselben Reiz unterschiedlich reagieren. Nehmen wir einmal an, du wirfst eine Banane in den Käfig und wunderst dich, dass ein Affe sofort losläuft, während es den anderen gar nicht interessiert. Du schaust beide an und siehst bei dem einen ein Leuchten im Gesicht, und bei dem anderen stellst du fest, dass er sich gar nicht bewegen will. Derselbe Reiz, doch eine gänzlich unterschiedliche Reaktion.

Das Verhalten eines Affen wie das eines Menschen beruht unter anderem auf Erfahrungen. Im Laufe deines Lebens machst du unzählige Erfahrungen, die alle von deinem Gehirn gespeichert werden. Jede Sachinformation wird mit einem Gefühl gekoppelt. Der Sinn des Abspeicherns liegt darin, dass du aus jeder Situation lernen sollst, damit du weißt, wenn diese Situation noch einmal kommt, ob sie gut oder schlecht für dich ist. Die Erfahrungen, die du daraufhin machst, führen zu Überzeugungen. Du glaubst, dass es so ist. Man spricht deswegen auch von Glaubenssätzen. Sie sind die stärkste verhaltenssteuernde Kraft. Und letztendlich führen diese Glaubenssätze zu deinen Erwartungen. Sie führen dazu, dass du ein bestimmtes Verhalten auf einen neutralen Reiz aus deiner Umwelt zeigst. Schauen wir uns jetzt einmal die beiden Affen aus meinem Beispiel an. Der eine Affe kennt die Banane als schmackhafte Nahrung. Deswegen will er sie haben. Der andere Affe hat in einem Käfig gelebt, in dem Forscher einen Versuch durchgeführt haben. Dort hingen Bananen an einer Staude. Immer wenn sich der Affe eine Banane holen wollte, wurde er mit kaltem Wasser übergossen. Nachdem das zehnmal passiert war, meldete ihm sein Gehirn, dass es mit negativen Konsequenzen verbunden ist, wenn er eine Banane pflücken will. Deswegen wird er nicht versuchen, nach der Banane zu greifen, weil er mit der Banane sofort einen kalten Wasserguss verbindet. Der andere Affe hatte bisher nur gute Erfahrungen mit dem Reiz gemacht. Seine positive Erfahrung führt zu einer entsprechenden positiven Erwartung, wenn sein Gehirn diesen Impuls verarbeitet hat. Über seine Gefühle erhält er eine positive Rückmeldung, und er weiß, dass er sich freuen darf, weil es gut für ihn ist.« Robe fuhr fort: »Aber das gilt nicht nur für persönliche Erlebnisse. Wir alle haben Respekt vor einer heißen Herdplatte, auch wenn wir uns als Kind nicht die Hände daran verbrannt haben. Die eindringlichen Warnungen unserer Eltern reichten schon aus. So lernen auch Tiere von ihren Eltern, wenn sie von diesen auf Gefahren hingewiesen werden. Auch so entstehen Erfahrungen. Ich habe jahrelang keinen Fisch gegessen, weil mir mein Vater, als ich noch ein Kind war, einmal erzählte, dass ein Nachbar an einer Fischgräte erstickt sei. Wir tun gut daran, uns vor Augen zu halten, dass es keine objektive Wirklichkeit gibt. Es gibt so viele Wahrheiten, wie es Menschen auf der Erde gibt. Jeder hat Milliarden von Verknüpfungen im Gehirn, und jeder erlebt denselben Augenblick anders. Und hält ihn für wahr. Durch unsere persönliche Bewertung eines Reizes machen wir eine gute oder eine schlechte Situation daraus. Hast du diese Grundannahme verstanden?«

»Ja, das klingt sehr plausibel«, erwiderte ich.

»Das Interessante ist nämlich, dass wir in 95 Prozent aller Situationen automatisch und reflexartig reagieren – genauso wie die Tiere.«

Wir gingen weiter, und Robe führte weiter aus: »Wir Menschen müssen aber nicht automatisch reagieren. Wir haben leider nur nie gelernt, wie wir aus dem Automatismus aussteigen können. Bewusst und achtsam zu sein heißt eben, diese

Signale, die Gefühle und die eigenen Gedanken zu beobachten und bewusst zu handeln.

Deswegen habe ich dir für die letzte Woche diese Aufgabe gestellt. Du wirst dich sicherlich fragen, was das mit den Geheimnissen der Zielerreichung zu tun hat. Das Bewusstsein ist eine Grundvoraussetzung. Du kannst dein Verhalten nur anpassen, wenn du aus dem Automatismus aussteigst. Auch hier reicht es nicht, wenn ich es dir erkläre. Du musst es erleben und immer wieder üben.«

»Ja, stimmt!«, sagte ich. »Als ich am Montag an der roten Ampel stand und vor mir das Auto bei Grün nicht losfuhr, da war ich wütend.«

»Noch sagst du ›Ich war wütend‹. In Zukunft wirst du denken: *Spannend, dass ich Wut empfinde.* Oder: *Ich war nur leicht wütend!* Oder: *Ich habe mich geärgert und hätte am liebsten laut losgebrüllt, habe es aber nicht getan* ... Was glaubst du denn, warum du wütend geworden bist?«

»Ich wollte schnell zur Arbeit kommen. Ich war spät dran, schaute ständig auf die Uhr und befürchtete, dass ich nicht pünktlich im Büro ankommen würde.«

»Für die Zukunft wird es wichtig sein, dass du eine Achtsamkeit entwickelst für die Signale deines Unterbewusstseins, die sich als Gefühle melden. Ich erkläre dir gleich eine Methode, wie du dann die Regie für dein anschließendes Verhalten übernimmst, indem du aus dem Automatismus aussteigst.«

»Geht das denn so einfach?«, fragte ich verblüfft.

»Es braucht Achtsamkeit und Übung«, erwiderte mein Meister.

»Immer wenn sich ein Gefühl meldet, dann steckt dahinter ein Bedürfnis. Erblickst du auf einem Buffet deine Lieblingsspeise, so stellt sich ein freudiges Gefühl ein. Dein Bedürfnis ist der Genuss, oder dir etwas Gutes zu tun. Schnappt dir aber jemand vor deinen Augen den letzten Nachtisch weg, dann zeigt das negative Gefühl an, dass ein Bedürfnis nicht erfüllt wurde. An der Ampel war es die Angst, zu spät zu kommen. Ärgerst du dich, weil dein Chef dich auf dem Gang nicht begrüßt, dann ist es vermutlich dein Bedürfnis nach Wertschätzung. Im Automatismus ist es eine unreflektierte Reaktion deinerseits. War dein Chef in Gedanken und hat dich in diesem Augenblick gar nicht erkannt, dann war es auch nicht seine Absicht, dich zu ignorieren. In Zukunft wirst du in diesen Momenten des Ärgers darüber nachdenken, dass der Ärger dir zeigt, dass du dich nicht beachtet fühlst und dass es dir offensichtlich wichtig ist, beachtet zu werden. Jeder Mensch möchte gerne Beachtung finden, aber du musst dich nicht automatisch darüber ärgern.«

»Soll ich dann in solchen Situationen denken: Was will mir mein Ärger zeigen?«

»Genau! Das nenne ich als ehemaliger Kriminalbeamter gerne ›Täterkompetenz‹. Ab heute entscheidest du, über wen du dich ärgerst. Dazu musst du aber die Opferrolle ablegen und die Regie für deine Gefühle übernehmen. Dazu passt ganz gut das Zitat von Karl Valentin: ›Sie sind mir so egal, dass ich Sie noch nicht einmal ignoriere!‹ Du übernimmst die Verantwortung für deine Gefühle und gibst die Schuld dafür nicht mehr an eine Situation oder eine Person ab.«

Darüber wollte ich jetzt erst einmal nachdenken, und so schwieg ich eine Weile.

Während wir in aller Ruhe zum Ausgang zurückschlenderten, erklärte Robe weiter: »Folgende Erkenntnis, die mir mein

Coach damals näherbrachte, hat meine Sicht der Welt verändert: Ich muss nur sterben. Alles andere ist meine freie Entscheidung. Ich muss nicht mit dem Auto fahren, ich kann auch zu Fuß gehen. Die freie Willensbildung. Frei kannst du aber nur sein, wenn du im Bewusstsein bist und weißt, wie du aus dem Automatismus aussteigst.«

»Und wie mach ich das?«

»Das wird dir deine Übung für die nächste Woche zeigen! Die nächste Woche wird deine ›Täterwoche‹.

Wichtige Grundbedingung ist, dass du weiterhin achtsam bist, wenn ein Gefühl wechselt. Wenn du dich also beim Jammern oder im Opfermodus erwischst, dann unterbrichst du diesen Gedankengang, indem du innerlich ›Stopp!‹ sagst. Dann atmest du einmal tief ein und aus. Durch die bewusste Beobachtung deines Atmens bist du bei dir. Wenn du alleine bist, kannst du das Wort ›Stopp!‹ auch ruhig laut aussprechen. Dann machst du dir bewusst, dass du in jedem Augenblick deines Lebens die Möglichkeit hast, als Täter und Urheber zu denken, zu fühlen und zu handeln. Damit nutzt du die Freiheit, jeder Situation die Bedeutung zu geben, die du willst, und sagst zum Beispiel: ›Ich habe bewusst beschlossen, hier zu sein. Es zwingt mich niemand dazu!‹ Und dann genieße für zehn Sekunden die Freiheit der Entscheidung. Zähl in Gedanken ruhig bis zehn, und atme dabei tief durch.

Jedes Mal, wenn du durch Achtsamkeit vom Opfermodus in den Tätermodus wechselst, gib dir einen Punkt. Überleg dir eine Belohnung, wenn du 50 Punkte erreicht hast. Genieß jeden Moment, in dem du durch Achtsamkeit die Kontrolle über deine Reaktion übernommen hast.

Und hier noch eine kleine Ergänzung der Methode: Wenn du im Supermarkt in der Warteschlange stehst und siehst, dass sich jemand vordrängelt – was löst das bei dir aus?«

»Ich denke, wie unverschämt, der kann sich auch anstellen.«

»Nachdem du diesen Gedankengang mit ›Stopp!‹ unterbrochen und ein- und ausgeatmet hast, gibst du deinem Gehirn eine neutrale Information, die bei dir keine negativen Gefühle auslöst. Du denkst dann in diesem Fall: Da steht ein Mann. Da sich dein Unterbewusstsein immer mit der aktuellen Information auseinandersetzt, wird sich automatisch ein Gefühl größerer Gelassenheit einstellen. Dann fällt es dir leichter, aus dem Automatismus auszusteigen und sozusagen als Täter zu entscheiden, ob du dich überhaupt darüber aufregen willst. Diese Übungen bereiten dich darauf vor, deine Ziele zu erreichen. Denn es werden immer wieder Situationen kommen, in denen du automatisch reagierst und in alte Verhaltensmuster zurückfällst. Nur durch Achtsamkeit kannst du dann aus dem Automatismus aussteigen und entscheiden, doch zu tun, was du dir vorgenommen hast. Hast du dazu noch Fragen?«

»Also, ich werde eine Woche lang beobachten, wann ich als Opfer reagiere, um dann mit der eben beschriebenen Methode in den Tätermodus zu wechseln.«

»Genau!« Dabei strahlte mich Robe an und streckte den rechten Daumen nach oben.

Mittlerweile waren wir am Ausgang angekommen.

»Ich wünsche dir viel Aufmerksamkeit für die kommenden Situationen. Führ auch dazu dein Tagebuch, aus dem jetzt ein ›Täterbuch‹ wird.«

»Okay, ich gebe mein Bestes, und dann melde ich mich wieder.« Wir verabschiedeten uns mit einem fast schon freundschaftlichen Handschlag. Ich setzte mich noch auf die Bank vor dem Eingang, um mir ein paar Notizen zu machen.

Während der Rückfahrt in der Bahn überlegte ich, ob ich nächste Woche endlich wieder mit dem Laufen beginnen würde. Opfermodus! »Stopp!« sagen und einmal tief ein- und ausatmen. Den Modus unterbrechen. In den Tätermodus wechseln! Hurra, es war mir aufgefallen. Ich kann doch selbst bestimmen. Wer kann mir das verbieten, wer kann mich aufhalten? Niemand! Nur ich kann das für mich umsetzen. Es war zwar noch nicht Montag, aber ich hatte schon heute in den Tätermodus gewechselt.

Zu Hause angekommen, nahm ich mein Heft und suchte die nächste freie Seite, die ich mit der Überschrift Täterwoche beschriftete. Als Erstes vermerkte ich die Situation aus der Bahn gerade eben. Danach griff ich spontan zum Telefon und wählte die Nummer meines Kollegen Henri. Ich wusste, dass er seit Jahren konsequent Sport trieb. Mittwochs in der Mittagspause lief er bei Wind und Wetter. Er war verwundert, dass ich ihn am Samstagabend anrief, und noch mehr über meine Frage, wie es ihm gelang, so konsequent zu laufen.

Seine Antwort war überraschend einfach: »Ich plane einfach meine Woche im Voraus. Jeden Sonntag schreibe ich mir einen Wochenplan und trage meine Laufeinheiten ein. Ich plane realistisch und je nach Woche unterschiedlich. Ich möchte auf drei Laufeinheiten in der Woche kommen.

Wenn es mal an einem Mittwochmittag wegen eines Meetings oder eines Termins nicht möglich ist, dann laufe ich an einem anderen Tag. Ich suche und finde meine Zeitfenster. Mir ist es wichtig, und es tut mir gut. Ich habe auch nicht immer Lust, aber die Planung löst bei mir eine gewisse Verbindlichkeit aus. Und nach dem Laufen fühle ich mich immer gut. Auch wenn ich mal weniger Lust habe, denke ich an dieses gute Gefühl danach.«

Er freute sich über meinen Entschluss, am nächsten Mittwochmittag dabei zu sein.

»Was machst du, wenn du dich mal nicht an deinen Plan gehalten hast?«

»Dann analysiere ich, warum es nicht geklappt hat, bin froh über die gelernte Lektion und ziehe meine Konsequenzen!«

Ich bedankte mich für die Tipps und verabschiedete mich. Seit Wochen hatte ich immer wieder davon geredet, dass ich wieder mit dem Laufen anfangen wollte. Ich hatte meinen Worten aber keine Taten folgen lassen. Der Täter plant also die nächste Woche und überlegt, wann er sich Zeit dafür nehmen will. Wer plant und es ernst meint, der braucht keine Ausreden mehr. Meine Täterwoche hatte begonnen. Ich legte mir einen Wochenplan in meinem Notizheft an. Sonntagmittag gehe ich laufen, mittwochs in der Mittagspause zusammen mit Henri und nächsten Freitagabend nach der Arbeit. Beschlossen und verkündet. Das hatte ich doch früher auch so oft gemacht. Ich war fitter, fühlte mich besser und war auch schlanker.

Am Sonntagmittag war es so weit. Ich suchte meine Laufschuhe und fand sie in einer bisher noch nicht geöffneten Umzugskiste. Die Laufjacke saß knapp. Nein, sie war nicht eingelaufen. Schon nach den ersten 200 Metern dachte ich, was habe ich mir da angetan? Wie vereinbart, sagte ich »Stopp!«, atmete ein und aus und formulierte bewusst den Gedanken: *Schön, dass ich wieder anfange, es war höchste Zeit.* Ich dachte auch an das schöne Gefühl, das man nach einem Lauf hat. Ich trabte los und genoss es, am Rhein entlangzulaufen. Das Tempo war heute egal. Ich lief ohne Uhr und achtete darauf, dass ich mich wohlfühlte. Ich hatte beschlossen, es zu tun, und ich tat es. Das machte mich selbstbewusst und stolz. Und es verstärkte in mir den Glauben, dass ich auch an den beiden anderen Tagen zum Laufen gehen würde.

Frisch geduscht saß ich in meinem Sessel und grinste in mich hinein. Aus dem Tätermodus heraus war es viel einfacher zu handeln. Ich wollte lesen und überlegte, worauf ich Lust hatte. Da fiel mein Blick auf die Biografie von Nelson Mandela, die ich zum letzten Geburtstag geschenkt bekommen hatte. Ich las eine Zeit lang, bis ich auf ein Zitat stieß: *Ich bin der Kapitän meiner Seele, ich bin der Herr meines Schicksals.* Dieses Zitat hatte ihm Kraft gegeben. Er war nicht als Opfer, sondern als Täter ins Gefängnis gegangen. Als stolzer Sohn eines Häuptlings. Ohne das hätte er sicherlich nicht mehr als 20 Jahre die Zuversicht behalten, irgendwann seinen Traum zu leben.

Ich holte mein Notizheft und schrieb das Zitat auf, weil es mir nicht nur gefiel, sondern mir auch Kraft gab. Für ein Leben als Täter und ohne Jammern musste man sehr bewusst und konzentriert sein. Das war ganz schön anstrengend. Es hatte sich so einfach angehört. *Werde zu einem interessierten Beobachter deiner Gefühle und Gedanken! Wechsle in den Tätermodus!* Aber am Ende erwartete mich sicherlich auch ein Gefühl von Freiheit und Gelassenheit. Die Freiheit, zu entscheiden und sich weniger über unnötige Dinge aufzuregen.

Ein gutes Glas Rotwein krönte schließlich meinen Abend. Ich hatte beschlossen, die Woche schon beim Aufstehen als Täter zu starten. Ich wollte mich mit einem Lied wecken lassen. Als Aufwachmusik wählte ich einen Song von Louis Armstrong: *What a wonderful world.* Vor meinem geistigen Auge sah ich diesen Mann mit seinem wundervollen Lächeln. Zufrieden schlief ich ein.

Wer will, sucht Wege,
wer nicht will,
sucht Ausreden.

7
Die Täterwoche

Louis Armstrongs Stimme weckte mich. Es war Montagmorgen, 6.30 Uhr, und meine Täterwoche hatte begonnen. Nach der Meditationsübung saß ich beim Frühstück und spürte in mir ein Gefühl der Stärke und Entschlossenheit. Ich beschloss, 30 Minuten früher loszufahren als sonst, damit ich mir bewusst die Zeit im Büro nehmen konnte, um in Ruhe die Woche zu planen. Auch der Stau störte mich nicht. Im Büro war es auffallend ruhig. Als ich den Rechner hochfahren wollte, reagierte er nicht. Ich fluchte.

Jetzt nahm ich mir schon die Zeit – und dann so etwas! Hoppla, fast wäre es mir nicht aufgefallen. Ich sagte laut »Stopp!«, atmete einmal tief ein und aus und dachte kurz nach. Was darf ich gerade lernen? Ruhe bewahren. Ich nahm mir ein Blatt Papier und überlegte, welche Termine ich in der Woche hatte, welche Aufgaben heute und die nächsten Tage zu erledigen waren. Ich holte mir am Automaten eine Tasse Kaffee und startete erneut den Rechner – diesmal erfolgreich. Zufrieden atmete ich tief ein und aus. Täter machen aus der Situation das Beste. Ich schaute in meinem Outlook nach Terminen und Einträgen und ergänzte meinen Wochenplan.

Im ersten Meeting merkte ich, dass mich ein Kollege mit seinen Detailfragen total nervte. Mein Gefühl hatte sich geändert. Da war es schon wieder. Ich dachte *Stopp!* und atmete. Den Kollegen fiel meine kleine Atemübung gar nicht auf. Warum nervte mich der Kollege? Ich mochte Detailarbeit nicht. Ich fühlte mich in meiner Freiheit eingeschränkt, aber ich beneidete ihn auch, weil er die Energie dafür aufbrachte, sich noch um die kleinste Kleinigkeit zu kümmern. Meine Übung für diese Woche führte auf jeden Fall zu mehr Gelassenheit. Ich hatte entschieden, in dieser Firma zu arbeiten, und mein Chef hatte mir nicht versprochen, dass ich mir meine Kollegen aussuchen durfte. Bis zum heutigen Tag hatte ich mich über diesen Kollegen in jedem Meeting aufgeregt. In der letzten Firma gab es auch so einen, und damals in der Schule hatten wir sogar zwei davon in der Klasse. Solche Typen warfen mir immer vor, dass ich zu sprunghaft sei und nicht auf alle Details achten würde. Aber wenn es darum ging, eine Präsentation zu halten, da waren sie immer ganz still. Mir fiel immer etwas ein, und ich hatte schon in der Schule kein Problem damit gehabt, vor der Klasse zu sprechen. Ich liebte es, Vorträge zu halten.

Sieben unerwartete Anrufe brachten meine Planung für den Montag komplett durcheinander. Beim vierten Anruf, den ich zusätzlich für meinen Kollegen annahm, platzte mir der Kragen. Ich war nicht achtsam gewesen und hatte automatisch reagiert. Die Kollegin am Schreibtisch gegenüber schaute verwundert auf, als ich während des Telefonats immer lauter wurde und schließlich den Hörer auf die Gabel knallte.

Ich stand auf, verließ den Raum und ging auf den Balkon. Ich hatte mich im Opfermodus erwischt. Im Film hätte der Held jetzt eine Zigarette geraucht. Ich atmete die Luft bewusst ein und aus und freute mich darüber, aufgewacht zu sein. Während meines Urlaubs wurde mein Telefon auch umgestellt. Ich war wütend geworden, weil ich das Gefühl hatte, dass mich diese zusätzlichen Telefonate von meinem Vorhaben abbringen wollten. So durfte ich meinen Plan nicht machen. Das stand in jedem Buch über Zeitmanagement. Die meisten nehmen sich zu viel für den Tag vor und planen das Unerwartete nicht mit ein.

Als Täter kehrte ich ins Büro zurück.

»Na, geht's wieder?«, bemerkte meine Kollegin, als ich wieder an meinem Platz saß.

Sie hatte recht. Es kostete zwar viel Kraft und Aufmerksamkeit, aber mir ging es eindeutig besser. Ich war aus dem Automatismus ausgestiegen. Es gab noch viel zu üben. Ich erledigte noch drei Aufgaben, die auf meiner Liste standen, und verlegte meine Mittagspause nach hinten, weil ich es so wollte. Beim Meeting später stellte unser Abteilungsleiter die Jahresziele vor. In der Gruppe beschwerten sich einige, die Ziele seien unrealistisch. Im ersten Augenblick hielt ich die Ziele auch für mehr als ambitioniert. Schon wieder spürte ich Wut aufflammen – *Stopp!* denken und einmal tief ein- und ausatmen.

Ich dachte an meinen Freund Kurt, der seit vielen Jahren selbstständig war. Er hatte mir erzählt, dass er für das kommende Jahr auch immer eine Umsatzplanung machte. Er plante, um zu wissen, welchen Umsatz er brauchte, um zu überleben, und welchen Umsatz, um in die Gewinnzone zu kommen. Sonst konnte er sich sein Gehalt nicht ausbezahlen.

Wir empfanden offensichtlich die Zielvorgaben als Angriff auf uns. Die, die unsere Jahresziele für das kommende Jahr geplant hatten, machten ihren Job. Dafür wurden sie bezahlt. Sie dachten unternehmerisch. Die Jahresplanung war nicht gegen uns gerichtet, sondern entstand vor dem Hintergrund, dass wir unsere Gehälter jeden Monat pünktlich bekommen sollten. Bisher hatte hier noch niemand sofort die Kündigung erhalten, weil er seine Ziele nicht hundertprozentig erreicht hatte. Warum also die Wut? Ich fühlte mich schlecht, weil ich glaubte, die Ziele seien unrealistisch und nicht erreichbar. Ich atmete nochmals tief durch und merkte, wie ich ruhiger wurde. Ich fing an, als Unternehmer im Unternehmen zu denken, und richtete meine Energie darauf, wie ich diese Ziele erreichen konnte.

»Die da oben haben ja keine Ahnung von der Realität!«, hörte ich einen Kollegen argumentieren.

Wer hatte eigentlich Ahnung von der Realität? Was war die Realität? Natürlich hatte jemand mehr Verständnis für den Vertrieb, wenn er selbst schon einmal im Vertrieb gearbeitet hatte. Wenn er wusste, wie schwer es mitunter sein konnte, einen Termin zu bekommen. Wie herausfordernd es sein konnte, wenn mehrere Personen eine Entscheidung beeinflussten. Wie nervend es sein konnte, wenn die Presse gerade wieder negativ berichtete, und die Kunden ihre Verunsicherung in die Gespräche einbrachten.

Doch Henry Ford wusste auch nicht, wie man einen Motor zusammenbaut. Trotzdem war er einer der erfolgreichsten Unternehmenslenker seiner Zeit gewesen. Auf einem Schiff trifft der Kapitän die Entscheidungen, weil er von der Brücke aus die bessere Übersicht hat als der Matrose. Der Kapitän braucht Mut für die Entscheidungen, wird aber auch zur Rechenschaft gezogen, wenn es schiefgeht. Jeder hatte die Möglichkeit, Kapitän zu werden, doch die meisten Menschen blieben Matrosen und beschwerten sich lieber über die Entscheidungen des Kapitäns.

Ab diesem Augenblick interessierte mich das Gejammer der Kolleginnen und Kollegen nicht mehr. Ich hatte beschlossen, der Kapitän meines Lebens zu werden, und so schrieb ich auf einen Zettel ganz groß das Wort »Wie?«, notierte mir fünf Stichpunkte zu Maßnahmen, die ich in meinem Bereich unternehmen konnte, um die Zielerreichung so wahrscheinlich wie möglich zu machen. Täter sein konnte auch sehr stressfrei sein, weil ich spürte, wie sich das Gefühl von Wut nach und nach verflüchtigte. Keine negativen Gefühle mehr! Ich grinste noch, als ich schon im Auto auf dem Weg nach Hause war. Das wollte ich meinem Meister auf jeden Fall erzählen. Am liebsten hätte ich ihn sofort angerufen. Ich war glücklich und fühlte mich frei. Dasselbe Leben, aber eine andere Reaktion auf dieselben Reize.

Am Mittwochmorgen saß ich schon im Auto, als ich bemerkte, dass ich meine Sporttasche im Flur vergessen hatte. Ohne mein Versprechen wäre ich einfach ohne Tasche losgefahren, doch so stieg ich wieder aus und holte sie voller Stolz. Mein Kollege Henri war überrascht, als ich ihn zufällig in der Kaffeeküche traf und fragte, wann wir loslaufen würden.

»Du meinst es ja ernst! Was ist mit dir passiert?«, stichelte er lächelnd.

Ich grinste, aber erklärte mich nicht. Er lief dann mir zuliebe auch langsamer als gewohnt. Meiner Kollegin fiel nach der Mittagspause auf, dass ich richtig gut gelaunt war.

Im Laufe der Woche gab es immer wieder Situationen, in denen ich noch nicht achtsam genug war und auf mich selbst hereinfiel. Aber das System Stopp! sagen, tief ein- und ausatmen, Wechsel in den Tätermodus funktionierte immer besser. Die Situationen trug ich in mein Heft ein.

Es war Samstagmorgen, ich saß beim Frühstück und blätterte in meinem Heft. Meine Täterwoche war vorbei. Heute konnte ich wieder einen Termin mit meinem Meister vereinbaren. Da fiel mir ein, dass ich Isabell auf dem Laufenden halten wollte, und schickte ihr eine SMS: *Schon auf Sendung?*

Sofort kam ihre Antwort: *Klar doch, ruf an!*

Ich wählte ihre Nummer. Noch vor dem zweiten Klingelton hörte ich ihre Stimme: »Hi.«

»Hallo, Isabell, wie geht's dir?«

»Gut! Erzähl, was war mit deinem Meister? Ich bin schon ganz gespannt. Was kam nach der Übung mit der Meditation?«

»Hast du die Meditation mittlerweile ausprobiert?«

»Hey, ich habe so viel zu tun, und der Umschlag von dir liegt immer noch ungeöffnet hier. Ich schäme mich richtig. Und du machst das alles. Vielleicht brauche ich auch so einen Meister. Vielleicht wirst du mein Meister, wenn du dann alles weißt.«

»Vielleicht. Auf jeden Fall habe ich noch zwei weitere Aufgaben bekommen. Ich musste Situationen in meinem Alltag beobachten, in denen ich mich als Opfer fühle, und in der zweiten Woche musste ich bewusst aus dem Opfermodus in den Tätermodus wechseln. Wie das funktioniert, erkläre ich dir, wenn wir mal wieder essen gehen.«

»Und was ist mit den Geheimnissen?«, fragte Isabell ganz ungeduldig.

»So weit bin ich noch nicht, aber ich glaube, dass mich diese Übungen gut auf das geheime Wissen vorbereiten. Irgendwie habe ich das Gefühl, dass sie schon ein Teil der Geheimnisse sind. Der Meister hat mir das Du angeboten, und das ehrt mich sehr.«

»Was ist das denn für ein Typ, wie alt ist er, und was macht er beruflich?«

»Er heißt Robe und hat einen ziemlich beeindruckenden Lebensweg hinter sich. Und dabei ist er so normal. Überhaupt nicht abgehoben. Er war mal Drogenfahnder und arbeitet jetzt als Trainer und Coach.«

»Hast du ein Glück!«

Nachdem wir noch zehn Minuten über andere Dinge gesprochen hatten, beendete ich gut gelaunt unser Gespräch. Ich war wirklich stolz auf das, was ich bis jetzt schon erleben durfte. Ohne Robe ginge es mir sicherlich ähnlich wie Isabell. Sie hatte sich keine Zeit genommen für ihren guten Vorsatz. Doch ich werde jetzt die Geheimnisse erfahren, und dann lasse ich sie daran teilhaben. Ich schrieb ihr noch eine SMS: *Mach den Umschlag auf, und fang an! Ich werde dir helfen!* Es kam ein Smiley zurück.

Um 12 Uhr griff ich zum Telefon und wählte die Nummer meines Meisters.

Alles hat seinen Preis.
Das Leben fragt dich immer
wieder, ob du bereit bist, den
entsprechenden Preis zu zahlen.

8
Das dritte Treffen

»Hallo, Ben, schön dass du anrufst. Wie war deine Woche?«, begrüßte mich Robe.

»Gut, ich habe viel gelernt. Wann können wir uns wiedersehen?«, fragte ich voller Vorfreude.

»Bei mir passt es heute wieder so gegen 17 Uhr. Kommst du bitte nach Bonn – ich bin sehr gespannt, was du zu berichten hast.«

Die Zeit bis 16 Uhr verbrachte ich entspannt und in freudiger Erwartung unseres Treffens. Was würde jetzt als Nächstes kommen? Pünktlich um 17 Uhr stand ich vor Robes Haustür und klingelte. Robe begrüßte mich sehr freundlich. Er hatte so eine ruhige und gelassene Ausstrahlung, die mich immer wieder beeindruckte. Unserem Ritual folgend, nahm ich im Sessel Platz und wartete, bis er den Tee servierte. Das Tagebuch legte ich auf den Tisch vor mir. Beide nahmen wir einen Schluck Tee.

»Nun, was hast du in der letzten Woche über dich erfahren?«, fragte er mich mit neugierigem Blick.

»Diese Woche war genauso erhellend gewesen wie die letzte. Die Methode hat gut funktioniert, aber die Herausforderung war, immer achtsam zu sein. Ich konnte noch nicht jede Situation identifizieren. Aber durch die Achtsamkeit sind mir erstaunlich viele Situationen bewusst geworden, in denen ich aus dem Opfermodus heraus handeln wollte.

Als ich mich zum Beispiel von meinem Kollegen zu Unrecht angegriffen fühlte, habe ich ihn mir einfach als neutrale Person vorgestellt, die da spricht. Das hat mir sehr geholfen. Ich konnte das Thema danach mit ihm in Ruhe klären, weil ich mich in diesem Augenblick von dem aufkommenden Gefühl distanzieren konnte. Ich habe es von außen betrachtet. So konnte ich aus dem Automatismus aussteigen und entspannt argumentieren. In der Vergangenheit wäre ich in vergleichbaren Situationen sicher in den Angriff übergegangen.

Aus dem Bewusstsein heraus, dass ich immer selbst über meine Gefühle entscheiden kann, wenn es mir gelingt, nicht einfach automatisch zu reagieren, fühlt sich mein Leben besser an. Es gibt keine Ausreden mehr, sondern immer mehr bewusste Entscheidungen, etwas zu tun, aber auch etwas nicht zu tun. Dadurch fühle ich mich viel freier. Aber was hat diese Übung mit meinen guten Vorsätzen zu tun? Bei der 21-Tage-Übung war mir schnell klar, dass ich damit Disziplin üben kann und dass sich dadurch meine Chance, etwas zur Gewohnheit werden zu lassen, deutlich erhöht.«

»Sowohl die Opferwoche als auch die Täterwoche sind wichtige Achtsamkeitsübungen gewesen« erwiderte Robe. »Wenn es darum geht, dass du einen guten Vorsatz in die Tat umsetzen willst, ist eine Opferhaltung wenig hilfreich. Meine Erfahrung hat mir sowohl bei mir selbst als auch in der Zusammenarbeit mit anderen gezeigt, dass aus einer Täterhaltung heraus gute Vorsätze und Lebensziele viel einfacher zu erreichen sind. Ein Täter identifiziert die Blockaden und sucht nach Wegen statt nach Ausreden. Er handelt viel öfter bewusst und kann deswegen seine Reaktionen auf die Umweltreize viel besser steuern. Denn genau diese Reize halten uns oft von der Umsetzung ab, weil wir schon so lange auf die alte Verhaltensweise konditioniert sind. Unser bisheriges Verhalten verlief automatisch. Wenn wir auf einen bestimmten Umweltreiz mit einem neuen Verhalten reagieren wollen, müssen wir in dieser Situation achtsam und bewusst sein.

Willst du deine Ziele erreichen, dann musst du in der Lage sein, dein Verhalten zu steuern. Am Ende ist der Schlüssel für jeden persönlichen Erfolg das eigene Verhalten. Zwischen Reiz und Reaktion hast du die Freiheit zu entscheiden. Um diese Freiheit auch zu leben, bedarf es der Achtsamkeit für die Reaktion, die sich automatisch einstellen will. Und je bewusster und gleichzeitig gelassener wir unser Verhalten in die Richtung steuern, in die wir wollen, umso größer ist die Chance, dass wir die Verhaltensweisen zur Gewohnheit werden lassen, die unser Leben glücklicher und zufriedener machen.

Nur aus einer Täterhaltung heraus ist eine Verhaltensänderung wirklich möglich.«

Das leuchtete mir ein. Ich hatte mich in Selbstdisziplin und Achtsamkeit geübt. Ich hatte gelernt, aus dem Automatismus auszusteigen und im Tätermodus das Steuer selbst in die Hand zu nehmen.

Mit zögerlicher Stimme fragte ich: »Habe ich schon die nächste Stufe erreicht?«

Er schaute mich mit aufmunternd an. »Du kannst stolz auf dich sein! Du hast auch die dritte Übung mit Bravour gelöst. Somit hast du entscheidende Erfahrungen gemacht und bewiesen, dass es dir mit der Erweiterung deiner Erfolgskompetenz ernst ist. Jetzt schreiten wir zur Tat!«

Bei diesem Satz spürte ich ein Kribbeln in der Magengegend. Ich hatte tatsächlich alles getan, damit ich in die Geheimnisse eingeweiht wurde. Ein Gefühlsmix aus Stolz in der Brust und Anspannung im Bauch ließ mich auf dem Sessel hin und her rutschen.

»Als Nächstes werde ich dich jetzt Schritt für Schritt in das geheime Wissen einweihen. Du wirst in Zukunft in der Lage sein, nachhaltiger als bisher deine Ziele umzusetzen.

Schauen wir uns an, was passiert, wenn jemand einen guten Vorsatz hat. Das läuft in der Regel in zwei Phasen ab.

In der ersten Phase erhalten die Menschen einen Anstoß, ihr bisheriges Verhalten zu ändern. Sie besuchen ein Seminar, lesen ein Buch oder reden mit einem Fachmann. Sie erfahren zum Beispiel, dass es gesund ist, wenn sie zweimal die Woche 40 Minuten Laufen gehen, oder dass es gut ist, nicht zwischendurch Mails abzurufen, wenn man konzentriert an einer Aufgabe arbeiten will. Die meisten werden dann nachdenklich und stellen fest, dass sie sich körperlich schlechter fühlen, seitdem sie nicht mehr regelmäßig Sport treiben. Oder es wird ihnen klar, warum sie ihren Job immer stressiger erleben, weil sie immer und überall erreichbar sind.«

Mein Kopfnicken zeigte Robe, dass mir diese Beispiele nicht fremd waren.

Er fuhr fort: »War der Impuls stark genug, dann folgt die zweite Phase. Die Leute legen los und probieren aus, wie es ist, wenn man nur zweimal am Vormittag die Mails abruft. Oder sie kaufen sich neue Laufschuhe und fangen wieder mit dem Joggen an. Dann erscheint jedoch der größte Feind auf der Bildfläche.«

»Wer ist das?«

»Der größte Feind ist die Ausnahme! Man tut nicht, was man sich vorgenommen hat. Man verschiebt es auf den nächsten Tag oder findet einen guten Grund, es nicht zu tun. Dann kommt es zur nächsten Ausnahme. Es regnet, oder man kommt erst spätabends nach Hause, und der geplante Lauf fällt immer öfter aus, bis man automatisch wieder in die alte Gewohnheit zurückfällt.

Die Anwendung des geheimen Wissens verläuft im Gegensatz dazu in *drei Phasen*, die aufeinander aufbauen.

Die erste Phase ist die der Erkenntnis. In dieser Phase erfährst du von deinen Antreibern und deinen Blockaden. Hier erkennst du, warum es bisher für dich gut war, das, was du dir vorgenommen hast, nicht zu tun.«

Ich war verdutzt. »Warum soll denn das gut für mich sein? Ich nehme es mir doch vor.«

»Genau, aber das ist ein wichtiger Bestandteil des Geheimnisses. Ich werde dir das alles noch genau erklären.

Die zweite Phase ist die der Vorbereitung. In dieser Phase machst du einen Plan und bereitest dich auf Hindernisse vor. Zudem suchst du dir einen Erfolgspaten als Unterstützung.

Die dritte Phase ist die Phase der Aktion. Hier erinnerst du dich täglich an deine Ziele und passt dein Verhalten so lange an, bis du dein Ziel erreicht hast und dir das neue Verhalten eine Gewohnheit geworden ist.

Erkenntnis, Vorbereitung, Aktion. Deswegen heißt diese Methode auch EVA-Methode.«

Robe stand auf und ging in den Nebenraum. Er kam wie beim letzten Mal mit einem weißen Heft zurück. Mit den Worten »Das wird dich wieder begleiten« überreichte er mir das Heft. Es war ein feierlicher Augenblick. Zwar hatte ich auch die 21-Tage-Übung noch nicht gekannt und auch nicht die Übungen als Opfer und Täter, aber jetzt ging es richtig los. Ich wollte die Basis legen für meinen persönlichen Erfolg.

»Schlag das Heft auf, und schreib auf die erste Seite als Überschrift: *Meine Ich-sollte-Liste.*« Ich schaute ihn verdutzt an. Was war das denn?

»Jeder hat so eine Liste, meistens aber nur im Kopf und nicht auf Papier. Es ist die Liste, auf der all die Dinge stehen, die wir uns immer wieder vornehmen. Wenn es nicht gerade Dinge sind, die ein anderer von uns verlangt, dann stecken dahinter bewusste oder unbewusste Bedürfnisse.«

»So eine Liste habe ich nicht!«, bedauerte ich.

»Das ist nicht schlimm! Die meisten Leute, denen ich diese Frage stelle, schauen genauso verdutzt wie du. Das ist normal. Schreib die Überschrift, ich helfe dir.«

Wie aufgetragen, schrieb ich auf die erste Seite: Meine Ich-sollte-Liste.

»Als ersten Punkt schreibst du darunter, was du machen musst, um dich körperlich besser zu fühlen.«

Spontan sagte ich: »Regelmäßig Laufen gehen!« und schaute fragend in seine Richtung.

Robe lächelte mich an und sagte: »Schreib es auf!«

1. Gute Vorsätze, um mich körperlich besser zu fühlen:
   - regelmäßig Laufen gehen

»Was fällt dir noch ein?«

Das war gar nicht so einfach. Ich überlegte und schrieb dann:

- Stress abbauen
- mich gesünder ernähren
- abnehmen
- das Rauchen aufgeben

»Muss ich das alles sofort umsetzen?«, fragte ich.

»Nein, nein. Keine Angst, wir listen deine guten Vorsätze erst einmal auf. Dadurch wird dir deutlicher, welche Sachen du dir immer wieder vorgenommen hast und doch nicht zur Gewohnheit hast werden lassen. Jetzt kommen wir zum zweiten Bereich. Liste alle Vorsätze auf, die du dir schon einmal vorgenommen hast, um dein Privatleben zu verbessern.«

Ich schrieb den nächsten Unterpunkt auf:

2. Gute Vorsätze, um mein Privatleben zu verbessern.

Auch diesmal musste ich längere Zeit überlegen.

»Nimm dir die Zeit, die es braucht, um in das Thema einzusteigen. Es muss dir auch nicht unangenehm sein. Schön, dass du gute Vorsätze hast und hattest. Es gibt ein altes indisches Sprichwort, das sagt, dass ein guter Vorsatz nur da entsteht, wo auch die Kraft für die Umsetzung vorhanden ist.«

Schon so oft hatte ich mir vorgenommen, weniger fernzusehen und wieder mehr zu lesen. So oft war ich abends auf der Couch vor dem Fernseher eingeschlafen. So oft hatte ich mich über schlechte Sendungen aufgeregt und sie doch angeschaut. Ich hatte mir eingebildet, dass ich das zum Entspannen brauchte. Aber seitdem ich meditierte, wusste ich, dass das tausendmal besser war als fernzusehen. Schließlich schrieb ich:

- weniger fernsehen
- sparsamer werden

Häufig hatte ich mir Sachen gekauft, die ich bereits zwei- oder sogar dreifach besaß. Ich konnte nur mit einem hochwertigen Kugelschreiber schreiben und hatte mehrere blaue Blazer zur Auswahl. Es war dann oft das vermeintliche Schnäppchen, das ich mir nicht entgehen lassen wollte. Bei meinem letzten Umzug hatte ich viel aussortiert und weggeworfen. Teilweise auch Kleidung, die ich nur einmal getragen hatte.

»Darf ich hier noch einmal ›Stress abbauen‹ hinzufügen?«, fragte ich.

»Na klar«, antwortete mein Meister. »Alles, was du auflistest, ist richtig.«

Also schrieb ich darunter:

- Stress abbauen
- mehr Zeit für mich
- mehr Zeit für Freunde

»Mehr fällt mir im Augenblick nicht ein.«

»Das ist völlig in Ordnung. Wir sammeln ja erst einmal. Vielleicht fällt dir ja auch noch nachträglich etwas dazu ein. Der dritte und letzte Bereich rundet deine Liste ab. Unter dem letzten Punkt schreibst du alle Vorsätze auf, die du dir schon einmal vorgenommen hast, um etwas in deinem Berufsleben zu verbessern.«

3. Gute Vorsätze, um mein Berufsleben zu verbessern:
- meinen Tag/meine Woche besser planen
- konzentriert an einer Sache bleiben
- *To-dos* konsequent abarbeiten
- Termine einhalten

»Ich habe vier Punkte gefunden.«

»Das ist schon einmal gut fürs Erste«, erwiderte Robe und forderte mich auf, alle Punkte noch einmal vorzulesen. Als ich damit fertig war, fragte er:

»Wie viele dieser guten Vorsätze hast du dir schon mehr als zwei- oder dreimal vorgenommen?«

»Fast alle«, war meine spontane Antwort.

»Auch das ist normal. Das Schlimme daran ist nur, dass du mit jedem Versuch, den du abgebrochen hast, den Glauben daran verloren hast, dass du es dir doch zur Gewohnheit machst. Ich bin mir sicher, dass deine Ergebnisse besser sein werden, wenn du das geheime Wissen konsequent anwendest.

Ich freue mich schon jetzt darauf, wenn wir in ein paar Monaten hier zusammensitzen und du über deine Erfolge berichten kannst.«

Das zu hören stimmte mich sehr zuversichtlich. So oft schon hatte ich mit dem ein oder anderen angefangen und war in die alten Gewohnheiten zurückgefallen.

»Wie geht es jetzt weiter?«, wollte ich wissen.

»Als Nächstes wählst du jetzt aus jedem Bereich einen Vorsatz aus, der dein Leben auf jeden Fall glücklicher, zufriedener und damit insgesamt erfolgreicher machen kann, weil du ihn auch in die Tat umsetzt.«

Ich überflog die Liste.

»Es wäre schön, wenn ich alle umsetzen könnte«, sagte ich nachdenklich. Jetzt galt es aber, aus jedem Bereich erst einmal einen Punkt auszuwählen. Mit welchem Vorsatz habe ich den größten Hebel, mit welcher Gewohnheit erreiche ich am meisten? Gleichzeitig dachte ich aber auch, was ist am Anfang für mich am leichtesten?

»Darf ich es mir auch einfach machen?«, fragte ich.

»Ja, das kannst du. Aber alle Vorhaben sind einfach und schwer zugleich, sonst hättest du sie ja schon umgesetzt. Du musst dich auf die Umsetzung freuen. Es soll dich glücklicher machen.«

Wieder schaute ich über die Liste.

»Nimm dir ruhig Zeit dafür.«

Ich unterstrich folgende Vorsätze:

- regelmäßig Laufen gehen
- Stress abbauen
- meinen Tag/meine Woche besser planen

Es wurde immer konkreter. Ja, ich war bereit, diese guten Vorsätze in die Tat umzusetzen. Ich war bereit, die Geheimnisse kennenzulernen und anzuwenden, um später sagen zu können, ich habe mir die wichtigen Dinge im Leben zu einer guten Gewohnheit gemacht.

Die nächste Frage meines Meisters war äußerst interessant.

»Wie sähe dein Leben heute aus, wenn du dir bereits vor fünf Jahren diese Vorsätze zu einer guten Gewohnheit gemacht hättest? Notier deine Antwort bitte auch im Heft. Du wirst dir das besonders in den Phasen durchlesen, in denen du geneigt bist, wieder in die alten Verhaltensweisen zurückzufallen.«

»Soll ich das jetzt tun?«

»Ja, klar, wir haben jetzt die Zeit dafür. Fang an mit dem Satz: Vor fünf Jahren habe ich meine guten Vorsätze in die Tat umgesetzt und halte mich auch heute noch daran.«

Ich überlegte kurz, nahm den Stift und begann zu schreiben. Dann las ich laut vor:

»Im Job gerate ich nicht mehr unter Stress, weil ich gut plane, und auch privat bin ich weniger in Zeitnot, weil es mir leichter fällt, Nein zu sagen. Ich habe gelernt, weniger zu tun und nicht immer alles sofort erledigen zu wollen. Und ich bin ausgeglichener, weil ich regelmäßig Sport treibe. Ich schlafe wieder ruhiger und bin nicht so schnell genervt. Gut, dass ich schon vor fünf Jahren meine Vorsätze zur Gewohnheit werden ließ.«

»Na, wie fühlt sich das an, wenn man das erreicht hat?«, fragte mich mein Meister.

»Es ist ein tolles Gefühl, weil ich beim Schreiben gespürt habe, dass ich schon am Ziel war. Und das nur, weil ich es mir vorstellte. Ich habe gemerkt, wie motiviert ich jetzt war.

»Werden wir jetzt alle Dinge gleichzeitig in Angriff nehmen?«

»Nein, das wäre zu viel. Die meisten Leute nehmen sich zu viel vor.

Mein Vorschlag an dieser Stelle ist, dass du dir jeweils für den privaten und den beruflichen Bereich eine Sache vornimmst. Da du den Tag über diese Bereiche getrennt erlebst, ist es dir möglich, dich jeweils auf den Vorsatz zu konzentrieren, der gerade aktuell ist. So kommt es nicht zu einer mentalen Überlastung. Du bist entweder im Job, oder du bist privat.«

Das war einleuchtend. Vor einiger Zeit hatte ich versucht, mit dem Rauchen aufzuhören, weniger zu essen und mehr Sport zu treiben. Ich war kläglich gescheitert. Ich hatte mir meine Ziele zu hoch gesteckt.

»Schreib auf die nächste Seite dein Ziel im privaten wie im beruflichen Bereich!«

Privat: Ich will wieder regelmäßig Sport treiben.

Beruflich: Ich will mich besser organisieren, konsequenter planen und die Aufgaben rechtzeitig erledigen.

»Lies mir jetzt bitte das erste Ziel vor!«, forderte mich Robe auf und sah mich konzentriert an.

»Ich will wieder regelmäßig Sport treiben.«

Er hörte aufmerksam zu, obwohl ich nur einen Satz vorlas. Er wiederholte den Satz, indem er ihn leise für sich aussprach.

»Was glaubst du, löst dieser Satz in deinem Gehirn aus? Was kommt da an? ›Ich will regelmäßig Sport treiben.‹ Hier beginnen nun die vielen kleinen Details, die das geheime Wissen ausmachen. Viele Menschen sagen zu Beginn des Jahres: ›Ich mache wieder mehr Sport.‹ Für unser Gehirn, das ja alle Informationen verarbeiten muss, ist das recht unkonkret. Mache ich ab jetzt an jedem ersten Montag im Monat eine Kniebeuge, dann habe ich mehr Sport gemacht als im letzten Jahr, wenn alles andere gleich bleibt. Du musst konkreter werden. Viele scheitern schon deshalb, weil sie ihr Ziel falsch formulieren. Zudem ist es wichtig, dass du alles schriftlich fixierst. Wissenschaftliche Studien belegen, dass sich dadurch die Chance der Umsetzung um ein Zehnfaches erhöht. Was du im ersten Schritt formuliert hast, ist nicht konkret genug. Die richtige Formulierung ist aber maßgebend. Dazu wirst du von mir in der Vorbereitungsphase weitere Einzelheiten erfahren. Was ich dir an Informationen weitergebe, ist eine Kombination aus verschiedenen Disziplinen, die über viele Jahre zusammengetragen wurden. Mein Coach erzählte mir, dass sowohl das Wissen der alten Ägypter und der alten Griechen als auch Erkenntnisse aus der Hirnforschung und der Motivationsforschung in die EVA-Methode eingeflossen sind. Ich habe sie weiter verfeinert und aus persönlicher Erfahrung noch Elemente eingebaut.« Robe machte eine Pause, um das Gesagte wirken zu lassen. »Ich wollte immer einmal einen Marathon laufen«, erklärte Robe weiter.

Das fand ich interessant; schon zweimal hatte ich in Köln als Zuschauer am Straßenrand die Läufer bewundernd beobachtet. »Ich wüsste gerne, wie man sich darauf vorbereitet und auch durchhält.«

»Zweimal habe ich mich vorbereitet und aus einem für mich nicht ersichtlichen Grund abgebrochen. Dann habe ich mich intensiver mit meinen Blockaden dieses Ziel betreffend beschäftigt. Ich fand heraus, dass ich als Kind an einem Herzfehler litt und unterbewusst Angst hatte zu sterben. Mit einem Sportmediziner habe ich dann die Pulsfrequenz ermittelt, bei der ich ohne Schaden stundenlang laufen kann. Es war der Puls von 150. Ich vereinbarte mit meiner Frau, dass wir nur so schnell laufen würden, dass dieser Pulsbereich nicht überschritten wird. Und so lief ich 2007 Hand in Hand mit meiner Frau durch das Brandenburger Tor. Dazu erzähle ich dir noch mehr, wenn wir beim Thema ›Blockaden‹ sind. Es ist wichtig, dass du dich auch dann, wenn du später alleine an deinen guten Vorsätzen arbeitest, an die Dinge hältst, die ich dir empfehle, weil es die Summe der vermeintlichen Kleinigkeiten ist, die am Ende das Gelingen ausmachen.«

Wieder hielt Robe inne, um seine Sätze auf mich wirken zu lassen.

»Du hast eine Auswahl getroffen, und das ist wichtig, aber wundere dich nicht, wenn ich dir jetzt sage, dass das noch keine wirkliche Entscheidung ist.«

Ich war überrascht und enttäuscht zugleich. Hatte ich etwas falsch gemacht? War meine Entscheidung doch nicht richtig? »Die meisten Menschen treffen häufig an Silvester oder nach einem Seminar nur eine Wahl, halten diese aber für eine Entscheidung. Eine Entscheidung erkennst du daran, dass du dich ent-schieden hat. In dem Wort ›entscheiden‹ steckt das Wort ›scheiden‹. Man verabschiedet sich von einer Möglichkeit. Eine echte Entscheidung erkennt man daran, dass es sich um einen unwiderruflichen Entschluss handelt.

Ich erzähle dir gerne ein Beispiel aus meiner Jugend. Als 14-Jähriger war ich wagemutig auf den Zehnmeterturm im Freibad geklettert. Ich hatte eine Wahl getroffen. Als ich oben stand, musste ich mich entscheiden: Klettere ich wieder beschämt herunter, oder springe ich? Unwiderruflich wurde mein Entschluss, als ich mich mit den Füßen von der Betonplatte des Zehnmeterturms abdrückte. Wenn du dich abgestoßen hast und dein Körpergewicht nach vorne verlagert hast, dann gibt es nur noch einen Weg und zwar nach unten. Dann hast du dich entschieden.«

Die nächste Frage meines Meisters überraschte mich.

»Wärst du im Augenblick bereit, auf dich zu wetten? Und wenn ja, was?«

»Wie darf ich das verstehen?«

»Stell dir vor, bei einem Notar wird ein Konto eingerichtet. Du zahlst auf dieses Konto Geld ein. Wenn du deinen guten Vorsatz nicht in die Tat umsetzt, also dein Ziel nicht erreichst, ist das Geld weg.«

»So richtig weg?«

»Ja, dann ist es weg. Wenn du jedoch dein Ziel erreichst, dann bekommst du das Geld wieder zurück!«

»Bekomme ich dann auch noch zusätzlich Geld, wenn ich das Ziel erreiche?«

»Diese Frage stellen viele Schüler an dieser Stelle. Das Ziel ist dein Lohn – dein Leben wird glücklicher und erfolgreicher sein. Also, um was wettest du? Nenn mir deinen Betrag!«

Ich sah, dass es meinem Meister Spaß machte, mir diese Frage zu stellen. Er beobachtete mich genau. Leicht nach vorne gebeugt saß er in seinem Sessel und schaute mich fordernd an. Ich dachte darüber nach, was ich bereit wäre zu wetten. Auf meinem Sparbuch lagen 15 000 Euro. Nein, nein. Für diesen Betrag hatte ich lange gespart.

»200 Euro würde ich setzen«, war meine spontane Antwort.

Er lächelte und fragte: »Warum genau diesen Betrag?«

»Es würde mir wehtun, wenn ich ihn verliere, aber es würde mich nicht ruinieren.«

»Das ist ganz normal. Es zeigt dir, dass du zum jetzigen Zeitpunkt noch nicht die Gewissheit in dir trägst, dein Ziel zu erreichen. Ansonsten hättest du dein gesamtes Geld auf dich wetten können. Du wärst dir sicher gewesen, es zurückzubekommen. Wenn du zu 100 Prozent an dich glaubst, bist du bereit, jeden noch so hohen Wetteinsatz zu bieten. An diesen Punkt musst du erst noch kommen. Das ist ein weiterer Teil des Geheimnisses. Auch mir ging es damals in dieser Situation ähnlich. Ich hatte nur meine Uhr als Wetteinsatz geboten.

Bevor wir die Aktionsphase starten, werde ich dir diese Frage noch einmal stellen. Ich bin jetzt schon gespannt, wie deine Antwort dann ausfallen wird.

Du hast also eine Wahl getroffen. Privat willst du regelmäßig Sport treiben, und im Job willst du den Tag und die Woche besser planen. Das sind Vorsätze, die du dir bereits schon öfter vorgenommen hattest. Sie erscheinen immer wieder auf deiner Ich-sollte-Liste.

Wir steigen jetzt in die erste Phase, die Erkenntnisphase, ein.

Ohne die Erkenntnisse, die wir jetzt Schritt für Schritt erarbeiten, ist es weitaus schwerer durchzuhalten. Da unser Verhalten bis zu 95 Prozent einer unbewussten Steuerung unterliegt, ist es wichtig zu erkennen, was deine wahren Motive sind, was dich nachhaltig antreibt und was dich immer wieder vom Weg abbringt und was dich in der Vergangenheit immer wieder vom Weg abgebracht hat.

Schreib bitte in dein Heft: ›Phase eins‹ und unterstreiche den Punkt. Als Nächstes notierst du dir bitte zwei Fragen, die du bis zu unserem nächsten Treffen beantwortest. In einer Woche sehen wir uns wieder. In der Zwischenzeit probierst du aus, was du dir vorgenommen hast.«

Diese beiden Fragen bat Robe mich zu notieren:

1. Ziel und gute Gründe
   Warum will ich dieses Ziel überhaupt erreichen?
   Welches bewusste oder unbewusste Bedürfnis wird für mich dadurch befriedigt?
   Es ist gut für mich, wenn ich …
   Es ist schlecht für mich, wenn ich nicht …

2. Verhalten
   Welches Verhalten bringt mich dauerhaft ans Ziel?
   Welches neue Verhalten will ich auf zukünftige Reize an den Tag legen?

»Die Beantwortung dieser Fragen ist wirklich wichtig, weil der entscheidende Faktor dein Verhalten sein wird. Die Vervollständigung der Sätze ›Es ist gut für mich, wenn ich …‹ und ›Es ist schlecht für mich, wenn ich nicht …‹ werden dir dabei helfen. Du aktivierst damit das bipolare Antriebssystem der Motivation – Lust erreichen und Unlust vermeiden. Wir nutzen ganz bewusst beide Systeme.«

Nachdem er diese Frage so im Raum stehen ließ, verabschiedete mich mein Meister sehr freundlich. Ich bedankte mich für die wertvolle Zeit, die er mir geschenkt hatte. Unser Treffen hatte fast drei Stunden gedauert. Die Zeit war wie im Flug vergangen. Wir hatten uns für den nächsten Samstag wieder um 17 Uhr zum Tee verabredet.

Es genügt nicht zu wissen,
man muss es auch wollen.
Es genügt nicht zu wollen,
man muss es auch tun.

9
Die Erkenntnisphase

Ich fuhr gut gelaunt nach Köln. Unterwegs telefonierte ich mit Chris und Nadine, sie wollten heute Abend in unseren Lieblingsclub gehen. Spontan schloss ich mich ihnen an. Es wurde ein wunderbarer Abend. Beiden fiel auf, dass ich so gut gelaunt war. Als Chris bemerkte, dass der Club so voll sei, rief ich ihm im Tätermodus zu: »Schön, dass wir noch reingekommen sind. Lass uns den Abend genießen!« Chris lachte mir zu und rief zurück: »Und nächste Woche kaufen wir den Club!«

Im Privatleben wechselte ich nun immer öfter in den Tätermodus. Jammern war passé. Äußerlich war das Leben zwar nicht anders, aber in meinem Inneren fühlte ich mich viel freier. Ich entschied, wie ich mich fühlen wollte. Das wurde mir immer bewusster. Mit einem Grinsen im Gesicht schlief ich an diesem Abend zufrieden ein. Mein neues Leben hatte begonnen. Ich hatte einen Meister gefunden, und ich war bereit, in meinem Leben etwas zu ändern. Ich wollte der Regisseur sein und nicht mehr der Statist. Goodbye, Automatismus!

Am Sonntag schlief ich etwas länger und begann den Tag mit meiner Meditation. Ständig schossen mir Gedanken zu den beiden Zielen durch den Kopf. Immer wieder kam ich zu meinem Atem zurück und beschloss, mich beim Frühstück mit den Aufgaben in meinem Heft zu beschäftigen. Mit einer Tasse Kaffee und meinem weißen Heft saß ich nun im Wohnzimmer.

Warum willst du die beiden Ziele erreichen? Warum willst du dein Verhalten ändern? Das war eine gute Frage. Warum wollte ich Laufen gehen? Warum zweimal die Woche?

Früher hatte ich das regelmäßig getan und mich körperlich besser gefühlt. Direkt nach dem Laufen hatte ich es am stärksten gespürt. Damals schlief ich besser und war nicht so gereizt. Vor allem nach einem stressigen Tag empfand ich das Laufen als sehr wohltuend.

Spontan nahm ich mein Tablet und gab ein: *Warum ist regelmäßiger Sport gut?* Ich fand eine Seite, auf der medizinisch bewiesene Vorteile aufgelistet waren, die regelmäßiges Training mit sich bringt. Dort waren Begriffe zu lesen wie Langlebigkeit, Verbesserung von Wahrnehmung und Gedächtnis, erhöhte Sexualfunktion, wirkungsvolles Antidepressivum, Stärkung des Herz-Kreislauf-Systems, cholesterinsenkende Wirkung, Diabetes-Vorbeugung, niedriger Blutdruck, geringeres Schlaganfallrisiko, Gewichtskontrolle, Muskelkraft und bessere Schlafqualität. Die Gründe, die sich auf Krankheiten bezogen, sprachen mich nicht an. Dafür interessierten mich: Gewichtskontrolle,

Muskelkraft, bessere Stimmung und guter Schlaf. Klar war, dass ich durch das regelmäßige Laufen mehr Muskeln aufbaue und deswegen mehr Kalorien verbrenne. Zudem erinnerte ich mich daran, dass ich nach dem Sport Appetit auf etwas Gesundes hatte. Durch regelmäßigen Sport baut man das Adrenalin ab, das entsteht, wenn man Stress hat. Ich spürte mich auch insgesamt mehr beim Sport. Das war mir auch aufgefallen, als ich mit der Meditation begonnen hatte. Ja, ich wollte mich besser fühlen und spüren. Ich wollte wieder mein Wohlfühlgewicht erreichen und dadurch wieder besser aussehen. Das waren meine Motive für diesen Vorsatz. Ich notierte in meinem Heft unter »Motive für das private Ziel« folgende Punkte:

- mich körperlich gut fühlen
- Gewicht im Griff haben
- besser aussehen
- mich mehr spüren
- Muskelaufbau
- Abbau von Adrenalin nach Stress
- gesunder Schlaf

Was war mein Motiv für den beruflichen Vorsatz? Ich nahm meinen Stift und schrieb die Worte untereinander, die mir sofort einfielen:

- weniger Stress
- alles besser im Griff haben
- verlässlich sein
- nichts mehr vergessen

- realistische Zeitzusagen
- kein Aufschieben mehr
- zufriedene Kunden
- zufriedene Kollegen

Was waren meine Beweggründe? Ich wollte zufriedener sein, mich bei meiner Arbeit wohler fühlen und nicht mehr von Kunden und Kollegen kritisiert werden, denen ich einen Rückruf zugesagt, aber nicht getätigt hatte. Ich wollte selbst bestimmen, mehr Achtung vor mir gewinnen, weil ich jetzt verlässlich war und auch unangenehme Dinge zeitig erledigte.

Das war eine gute Übung, sich ebenfalls über die Motive Gedanken zu machen.

Jetzt ging es darum, welches Verhalten von mir gefordert war? Was waren die Reize, auf die ich bisher reagiert hatte?

Ich startete wieder mit dem privaten Ziel: zweimal pro Woche laufen gehen. Am besten wählte ich die Tage schon am Sonntag aus, also heute. Ich überlegte und beschloss, jeweils am Montag und am Mittwoch nach der Arbeit zu laufen. Eine Alternative sollte ich auch einplanen, wenn es am Mittwoch unerwartet später in der Firma würde. Dann lief ich am Donnerstag oder spät am Mittwochabend.

Die Tages- und Wochenplanung wollte ich schon Freitagnachmittag für die nächste Woche angehen. Wenn das nicht ginge, dann spätestens am Montagmorgen, und zusätzlich wollte ich täglich meine Tagesplanung für den kommenden Tag mit meiner To-do-Liste aktualisieren. Diese sortierte ich nach Prioritäten und arbeitete sie dann Punkt für Punkt ab. Nach jeder erledigten Aufgabe wollte ich noch einmal innehalten und schauen, welche Aufgaben in der Zwischenzeit hereingekommen waren. In der Vergangenheit hatte ich mir immer viel zu viel für einen Tag vorgenommen.

Heute war Sonntag, und ich hatte meinen Rechner in der Firma gelassen, deshalb würde ich am Montag etwas früher losfahren, um in Ruhe den Wochen- und Tagesplan zu machen. Und das wollte ich jetzt zur Gewohnheit machen. Vom Verstand her war mir das klar, aber wie setzte ich meine Vorhaben dauerhaft um?

Es wäre gut für mich, wenn ich meine Ziele erreiche. Ich wäre im privaten Bereich sportlicher, ausgeglichener, gesünder und stressfreier. Im Job wäre ich ebenfalls stressfreier, zufriedener und erfolgreicher. Ich würde die wichtigen Dinge erledigen und hätte die Prioritäten immer im Blick.

Es wäre schlecht für mich, wenn ich so weitermachen würde wie bisher. Ich hätte mehr Stress, wäre nicht so gesund. Würde schlechter schlafen, wäre gereizter, unzuverlässig und erfolglos. Andere würden beruflich an mir vorbeiziehen. Ich würde stets nur reagieren und hätte meinen Tag, meine Woche – ja, mein ganzes Leben nicht im Griff.

Das war das bipolare Antriebssystem, von dem mein Meister gesprochen hatte. Ich hatte keine Lust auf diesen schlechten Zustand. Es war wichtig, sich sowohl die guten als auch die schlechten Seiten vor Augen zu halten. Ich wollte da raus! Ich nahm mein Heft und schrieb unter meine Notizen: Ich will ein besseres Leben! Ich will mich besser fühlen!

Am Montagmorgen war ich früher im Büro. Für den Wochenplan nahm ich mir Zeit. Auch meinen Tagesplan druckte ich mir aus. Die Aufgaben schrieb ich untereinander. Doch die Priorisierung fiel mir noch etwas schwer. Eigentlich war alles wichtig. Oft hatte ich zu lange gewartet, bis die Erledigung einer Aufgabe immer dringlicher wurde. Ich hatte schon ein Seminar zu dem Thema besucht, aber ich war immer wieder in die alte Gewohnheit zurückgefallen.

Am Montag dauerte mein Arbeitstag dann doch länger als erwartet. Trotzdem fuhr ich motiviert nach Hause, zog sofort meine Laufschuhe an und setzte mein Vorhaben in die Tat um. Nach dem Lauf fühlte ich mich bestens. Ich kannte das Gefühl. Danach genoss ich in der Badewanne die Entspannung. Am Mittwoch klappte es dann doch nicht wie geplant, und so verschob ich mein Lauftraining auf Donnerstag. Die Tagesplanung war eine echte Disziplinübung. Ich strengte mich an, weil ich meinem Meister nur Gutes berichten wollte.

Dann war wieder Samstag, und ich freute mich auf den Termin um 17 Uhr.

10
Das vierte Treffen

Wieder wurde ich freundlich von Robe empfangen. Nachdem wir unsere ersten Schlucke Tee getrunken hatten, bat er mich, von meinen neusten Erfahrungen zu berichten.

»Was hast du in der letzten Woche von dir und dem Leben erfahren? Ich habe dich bewusst mit dieser Frage allein gelassen. Ich wollte, dass du dich mit dieser Frage in deinem Alltag beschäftigst. Was ist dir klar geworden?«

»Dass in beiden Fällen meine Beweggründe für den guten Vorsatz sehr emotional sind. Ich will mich körperlich besser fühlen, weniger gestresst und nicht ohnmächtig dem Druck von außen ausgeliefert sein. Ich will die Dinge steuern, also agieren, anstatt zu reagieren. Aber ich muss auch Zeit investieren, um konzentriert und achtsam zu sein.

Und es gibt die ganze Woche über Reize, die es mir schwermachen. Da kommt morgens schon auf dem Parkplatz ein Kollege und spricht mich an, ob ich ihm sofort helfen könnte. Aber ich will erst mal den Tag in Ruhe strukturieren. Da musste ich mich bewusst ausbremsen. Gleichzeitig will ich mich dabei auch noch wohlfühlen. Mir ist auch klar geworden, dass ich ohne die ersten Schritte der Erkenntnisphase dauerhaft gescheitert wäre.«

»Diese Erfahrung habe ich damals auch gemacht, als ich in das geheime Wissen eingeweiht wurde. Wichtig ist jetzt, dass du das noch einmal schriftlich niederlegst. Es dient dir später bei der Durchführung dazu, immer mehr Klarheit darüber zu erlangen, warum du das neue Verhalten zu einer Gewohnheit machen willst.

Am besten machst du jetzt deine schriftlichen Eintragungen. Es gibt Schüler, die mir immer sagen, dass sie es verstanden hätten und den schriftlichen Eintrag nicht bräuchten. Das ist ein Irrglaube. Uns gehen laut wissenschaftlichen Studien bis zu 50 000 Gedanken pro Tag durch den Kopf. Wenn wir unsere Gedanken nicht fokussieren, und das können wir am besten, wenn wir unsere Notizen immer wieder durchlesen, kommen sie eher zufällig oder gar nicht. Das ist ein wichtiger Teil des Geheimnisses: Aufschreiben und immer wieder durchlesen.«

Ich schrieb in mein weißes Heft zu den ersten beiden Punkten:

Beweggründe und Verhalten
Zweimal pro Woche 40 Minuten laufen.
Beweggründe:
- Ich will mich körperlich besser fühlen.
- Ich will fit sein.
- Ich will sportlicher aussehen.

- Ich will mein Gewicht reduzieren.
- Ich will durch Sport Stresshormone in meinem Körper abbauen.
- Ich will ausgeglichener sein.
- Ich will nachts besser schlafen.

Verhalten:
Ich laufe zweimal pro Woche mindestens 40 Minuten.

Konsequente Tages- und Wochenplanung
Beweggründe:
- Ich will stressfreier leben.
- Ich will selbstbestimmt handeln.
- Ich will zuverlässig sein.
- Ich will erfolgreich sein.

Verhalten:
Ich plane am Ende der Woche die folgende Woche, und ich mache jeden Morgen konsequent meine Tagesplanung.

»Darf ich deinen Eintrag lesen?«, fragte Robe.

Stolz gab ich ihm das Heft.

»Siehst du, aus dem Satz ›Ich mache regelmäßig Sport‹ ist jetzt schon ein konkretes Vorhaben geworden. Diese Formulierung ist schon viel erfassbarer für dein Gehirn und auch für dein Unterbewusstsein. Und du kannst es auch tatsächlich messen: zweimal pro Woche und mindestens 40 Minuten. Bei der Zeitplanung hast du deine Formulierung auch verbessert, du wirst aber am Ende sehen, dass es noch konkreter werden wird. Aber wir sind ja noch am Anfang. Wenn du keine Fragen hast, können wir jetzt zum dritten Punkt in der Erkenntnisphase übergehen, der deine Stärken und Talente betrifft. Nimm bitte wieder deinen Stift, und schreib in dein Heft folgende Überschrift: ›Meine Stärken und Talente‹, darunter bitte: ›Ich bin in meinem Element, wenn …‹

Jetzt geht es darum, dass du die Eigenschaften aufzählst, die dich einmalig machen. Du bist mit einer einmaligen Kombination aus Talenten und Stärken geboren. Auf diese Talente hast du immer Zugriff, die kann dir niemand nehmen. Es wäre schade, wenn du sie nicht gezielt zur Erreichung deiner Ziele einsetzt. Ich erlebe in meiner Arbeit viele Menschen, die bei dieser Aufgabe im ersten Moment nichts hinschreiben können.«

»So direkt fällt mir nur eine Stärke ein: Ich bin kreativ und spontan.«

»Sehr gut! Schreib nur das auf, und überleg weiter. Und konzentrier dich darauf, wann du in deinem Element bist. Wir vergessen die Zeit, wenn wir unsere Talente ausleben können. Das ist ein guter Anhaltspunkt. Es gibt Leute, die sagen, die Zeit vergeht wie im Flug, wenn sie im Garten ihr Rosenbeet pflegen und danach die getane Arbeit betrachten. Einmal erzählte mir ein Schüler, dass er die Zeit vergisst, wenn er mit guten Freunden tiefgreifende Gespräche führt. Man schaut auf die Uhr und ist verwundert, dass vier Stunden verstrichen sind, ohne dass man es bemerkt hat. Auch diese Betrachtung wird dir weiterhelfen.«

Was waren meine Stärken und Talente? Mir fielen sofort meine Schwächen ein. »Was ist mit meinen Schwächen?«, fragte ich spontan und schaute Robe an. »Davon fallen mir gleich mehrere ein.«

»Das geht vielen Menschen so. Seit unserer Kindheit und Jugend betont man öfter, was wir nicht können, als das, was wir können. Ein amerikanischer Psychologe hat herausgefunden, dass ein Kind bis zum fünften Lebensjahr schon mehr als 40 000-mal getadelt wurde, das bedeutet ungefähr 22-mal am Tag. Deswegen fallen uns oft zuerst unsere Schwächen ein. Wenn ich mit Menschen arbeite, dann rede ich über ihre Stärken. Das ist der ressourcenorientierte Ansatz. Ich halte es wie die alten Griechen: *Erkenne deine Stärken, und hüte dich vor Übertreibungen.* Ich fühle mich wohler bei der Betrachtung eines Menschen, wenn ich mich auf seine Talente konzentriere. Kann jemand gut sprechen, so ist das seine Stärke. Spricht er jedoch zu viel, dann übertreibt er seine Stärke. Der Mensch kann nur auf seine Stärken zugreifen, etwas anderes hat er nicht. Übertreibt er diese Stärke, so sprechen andere Menschen von einer Schwäche. Und dann gibt es noch Begrenzungen. Das ist etwas, was jemand überhaupt nicht kann, Fähigkeiten, die sich außerhalb seiner Talentzone befinden. Dieser gilt es sich ebenfalls anzunehmen. Einfach selbstbewusst zu sein und zu sagen: ›In diesem Bereich bin ich talentfrei!‹«

Ich nahm meinen Stift und schrieb:

Meine Stärken und Talente:
- kreativ und spontan
- humorvoll
- redegewandt
- menschenorientiert
- begeisternd
- sportlich

Ich bin in meinem Element, wenn …

- ich mit Menschen im Gespräch bin,
- ich eine Power-Point-Präsentation entwickele,
- ich mir eine Strategie ausdenke,
- ich anderen helfen kann,
- ich etwas strukturieren kann.

Robe forderte mich wieder auf, ihm meine Punkte vorzulesen. Interessiert hörte er zu und nickte dabei. Er führte danach weiter aus: »Es geht bei der Umsetzung darum, wie du deine Talente und Stärken gezielt bei deiner Zielerreichung einsetzen kannst. Das macht dich aus, darauf hast du immer Zugriff. Nur die wenigsten setzen gezielt ihre Stärken bei ihrer Zielerreichung bewusst ein, obwohl sie so tolle Ressourcen haben.

In welchen Bereichen bist du denn talentfrei?«

Ich schmunzelte und antwortete: »Zahlen und Excel-Tabellen langweilen mich. Das kann ich überhaupt nicht. Ich habe es als Kind gehasst zu puzzeln. Darin habe ich keinen Sinn gesehen. Auch eine Eisenbahn, die im Kreis fährt, langweilt mich, weil ich da keine Gestaltungsmöglichkeit habe. Ich will aktiv sein, ich will gestalten.«

»Diese Erkenntnis wird dir später bei der Umsetzung helfen, deine Kreativität und Spontaneität einzusetzen in Phasen, in denen es schwierig wird. Dazu kommen wir dann in der zweiten und dritten Phase.

Damit zum nächsten Punkt der Erkenntnisphase. Schreib bitte als vierten Punkt folgende Überschrift: ›Die Erfolge meines Lebens/mein ganz persönlicher Erfolgscode.‹ Was hast du von deiner Jugend an in den unterschiedlichsten Bereichen erreicht, weil du es unbedingt wolltest? Aus deinen Erfolgserlebnissen können wir dann deinen ganz persönlichen Erfolgscode ablesen und entschlüsseln. Ich kenne nur wenige Menschen, die ihren ganz persönlichen Erfolgscode für sich entschlüsselt haben und ihn auch bewusst zur Zielerreichung einsetzen.«

»Was habe ich schon für Erfolge vorzuweisen?«, antwortete ich mit einem gewissen Unverständnis.

»Wir Deutschen sind so erzogen, dass wir immer schön bescheiden sein sollen, wenn es darum geht, was man gut kann oder in welchen Bereichen man erfolgreich war. Für viele Deutsche fühlt sich das wie Angeberei an. Das ist es aber überhaupt nicht. Du wirst wissbegierig geboren. Du wolltest Laufen lernen und erfahren, wie man sich seine Schuhe bindet. Heute tust du das mit der allergrößten Selbstverständlichkeit. Deine Eltern haben dich dazu aber nicht gezwungen, sondern die Motivation kam aus dir heraus. Bei dieser Übung geht es vor allem darum zu erkennen, welche Umstände deine angeborene Motivation auslösen. Zusätzlich wird dir die Frage weiterhelfen, in welchen Momenten du bereit warst, eine unwiderrufliche Entscheidung zu treffen.

Ich hatte kurz vor dem Abitur die Schule geschmissen und war zur Polizei für die mittlere Laufbahn gegangen. Ohne Abitur konnte man damals weder Kommissar werden noch bei der Polizei studieren. Aber man konnte das Abitur bei der Polizei nachmachen. Mein damaliger Chef wollte mich nicht entbehren und erklärte mir, dass das Leben als normaler Streifenpolizist auch schön sei. Ich jedoch wollte mehr aus meinem Leben machen, mich selbst verwirklichen und von der Masse abheben. Ich hatte mich mit Kollegen unterhalten, die das vor mir gemacht hatten. Damals dachte ich mir, was die können, das kann ich auch. Das Abitur zu machen, auch gegen äußere Widerstände, gehörte auf meine Erfolgsliste. Mein Coach zeigte mir dann auf, welche Motive und Überzeugungen mir die Kraft gegeben haben, es auch durchzuhalten. Bei mir waren es diese vier Dinge:

- Ich will mich von der Masse abheben,
- Was andere können, kann ich auch,
- Ich will mehr Freiheit,
- Ich will meine derzeitige Situation verbessern.

Das waren die Bestandteile meines Erfolgscodes. Heute setze ich bei neuen Zielen ganz bewusst diese Erkenntnisse im gesamten Prozess ein. Nehmen wir den Satz: *Was andere können, kann ich auch!*

Wenn ich mir ein neues Ziel setze, dann suche ich mir ganz bewusst eine Person, die da ist, wo ich hinwill. Ich nehme mit ihr Kontakt auf. Im Idealfall suche ich mir jemanden, der es aus einer viel schlechteren Ausgangssituation geschafft hat. An diese Person denke ich dann immer, wenn es für mich schwer wird. Dann sage ich mir: *Was andere schaffen, das schaffe ich auch*. Dieser Satz ist ein bereits bestehender Glaubenssatz.

Wenn Eitelkeit eine Antriebsfeder ist, dann nutze sie. Ich hatte einen Manager im Coaching, der 20 Kilo in einem Jahr abnehmen wollte. Ein Teil seines Erfolgscodes war seine Eitelkeit. Er erhielt von mir den Auftrag, sich einmal pro Woche in seinem Hochzeitsanzug vor den Spiegel zu stellen. Ohne Hemd, nur mit Hose und Jacke bekleidet musste er sich dann fünf Minuten im Spiegel betrachten. Damit hat er einen Teil seines Erfolgscodes aktiviert. Seine Eitelkeit gab ihm die Kraft, sich mit dem Essen zu disziplinieren. Jeder hat jedoch aufgrund seiner persönlichen Lebenserfahrung eine andere Kombination. Es kann sein, dass du in einigen Bereichen Überschneidungen mit meinem Erfolgscode hast. Aber dein Erfolgscode ist nie zu 100 Prozent identisch mit dem Erfolgscode eines anderen Menschen. Deshalb mag es ganz interessant sein, die Autobiografien von anderen Menschen zu lesen, die ihren Erfolgscode gefunden haben.«

»Jetzt habe ich es besser verstanden«, bemerkte ich erleichtert. Also erst einmal eine Liste der größten Erfolge in meinem Leben aufschreiben und dann herausfinden, was mich motiviert, das auch zu tun, was ich mir vorgenommen habe. Wann war ich bereit, mich anzustrengen, durchzuhalten, weil es mir wichtig und ich motiviert war?«

»Am besten schilderst du mir bestimmte Situationen, die du dann aufschreibst, denn in den Phasen, in denen du zweifelst, oder immer dann, wenn du einen Rückschlag erlitten hast, wird diese Liste sehr hilfreich sein. Sie gibt dir Kraft und Zuversicht, weil du beim Lesen erkennst, dass du ein erfolgreicher Mensch bist und dass du in der Vergangenheit schon oft genug bewiesen hast, dass du etwas erreichen kannst, wenn du es wirklich willst.«

Das machte mich zuversichtlich. Wir nahmen beide gleichzeitig einen Schluck Tee. Ich entspannte mich in dem bequemen Sessel und dachte in Ruhe nach.

»Als Erstes fällt mir eine Situation im Schwimmbad ein. Ich war mit Freunden dort. Wir waren bis dato nur vom Fünfmeterbrett gesprungen. Einer aus der Gruppe forderte mich heraus, indem er mich piesackte: ›Du hast eh keinen Mumm, vom Siebenmeterbrett zu springen!‹ Das hat mich damals total gereizt, und ich habe dann um eine D-Mark gewettet, dass ich den Sprung wage. Das hat mich extrem motiviert, und ich war damals sehr stolz, weil ich der erste aus der Klasse war, der das geschafft hat. Kommt so eine Situation auf die Liste?«

»Ja, natürlich. Wie alt warst du damals?«

»Ich war neun Jahre alt und ging noch in die Grundschule.«

»Du musst dich einmal in die Situation eines 9-jährigen Jungen hineinversetzen. Das war für dich damals eine überragende und sehr mutige Leistung. Du hast dich selbst besiegt. Du erkennst hier schon zwei Punkte aus deinem ganz persönlichen Erfolgscode. Es sagt dir jemand, dass du das nicht kannst, und du gehst zusätzlich eine Wette ein. Übrigens ist der erste Teil auch Teil meines Erfolgscodes. Wie du siehst, haben wir schon die erste Überschneidung.«

Robe lächelte mich an und prostete mir ansatzweise mit seiner Teetasse zu. Ich fühlte mich immer wohler in seiner Nähe. Mittlerweile sprachen wir in einem sehr vertrauten Ton miteinander. Er war für mich wie ein väterlicher Freund. Ich fand es toll, dass er auch von sich Dinge preisgab. Das machte ihn sympathisch.

»Was fällt dir noch ein?«

»Mit zwölf konnte ich schon ein bisschen Gitarre spielen. Als ich dann die Chance bekam, mit Freunden zusammen in einer Gruppe zu spielen, habe ich jeden Tag zwei Stunden geübt. Vorher hatte mich meine Mutter zum Üben immer ermahnen müssen. Ab diesem Zeitpunkt aber war ich motiviert. Wir haben dann drei Jahre lang im Keller eines Bandmitglieds einmal pro Woche geprobt. Wir spielten auch öfter auf Feten. Später ist das aber leider auseinandergegangen.

Ein weiterer Erfolg ist mein Abitur. Ich habe dafür hart gebüffelt. Ich hatte oft keine Lust. Während andere Kumpels ins Schwimmbad gingen, habe ich gelernt, weil ich einen guten Abschluss machen und mir alle Möglichkeiten für die Zukunft offen halten wollte. Damit Mein Ziel war es, mit einem Durchschnitt von 2,0 abzuschließen, und das habe ich auch geschafft. Mein Bruder hatte das vor mir auch geschafft, und ich wollte meinen Eltern beweisen, dass ich das auch kann.«

»Du siehst, du musst dir nur etwas Zeit lassen, dann kommst du deinem Erfolgsrezept auf die Spur. Schreib jetzt die ersten drei Situationen auf, und such dann weiter.

Meine größten Erfolge:
* Sprung vom Siebenmeterbrett,
* Gitarre spielen in einer Band,
* gutes Abitur,
* Fahrradtour von Köln nach Hamburg,
* für einen Traumurlaub in den USA gespart,
* Golf-Handicap von 30,
* drei Monate lang mit dem Rauchen aufgehört,
* Berufsausbildung erfolgreich abgeschlossen,
* eine Fremdsprache gelernt.

»Jetzt hast du deine persönliche Erfolgsliste, die dir hilft, wenn du in der Gefahr bist, an dir zu zweifeln. Immer dann solltest du die Liste zur Hand nehmen, sie durchlesen und stolz auf dich sein. Ein hilfreicher Satz ist: *Wenn ich das ge-*

schafft habe, dann schaffe ich das andere auch! Aus den erreichten Zielen kannst du aber auch deinen Erfolgscode ableiten. Er zeigt dir auf, welche Impulse in dir Motivation und Kraft zum Durchhalten auslösen. Schauen wir uns mal das erste Beispiel an: Dir sagt jemand, dass du etwas nicht kannst. Und du wettest dagegen. Das scheint dich offensichtlich zu motivieren. Es ist erst einmal unwichtig, warum das so ist. Wichtig ist, dass du die Bestandteile deines Erfolgscodes erkennst und später bewusst einsetzt.«

»Ja, stimmt. Ich erinnere mich da an eine Situation vor ein paar Jahren. Ich beschloss auf einer Fete spontan, mit dem Rauchen aufzuhören. Ein guter Freund hatte lachend vor mir gestanden und gesagt: ›Das schaffst du eh nicht.‹ Ich bot ihm dann sofort eine Wette an und hab's drei Monate lang durchgehalten.«

»An diesem Beispiel kannst du erkennen, dass es Situationen gibt, in denen andere deinen Erfolgscode aktivieren, und das war dir in diesem Augenblick sicherlich nicht bewusst. Für dein Vorhaben mit dem Laufen kannst du dir bewusst jemanden suchen, der dir so etwas nicht zutraut, und mit dem gehst du dann eine Wette ein. Es gibt Leute, bei denen ist das genau umgekehrt. Die sind besonders motiviert, wenn ihnen jemand genau das zutraut, was sie sich vorgenommen haben. Motiviert, weil jemand an sie und ihre Fähigkeiten glaubt und das auch entsprechend kommuniziert.

Lass uns noch weitere Bestandteile deines Erfolgscodes entschlüsseln. Dein Beispiel mit der Gitarre zeigt, dass du besonders motiviert bist, wenn du etwas mit anderen zusammen tust. Wenn du dadurch Teil einer Gruppe sein kannst, aber auch, wenn du dein Können anderen zeigen kannst.«

»Stimmt, das war mir bisher noch nie so bewusst gewesen.«

»Ich könnte mir vorstellen, dass dich eine Person, mit der du zusammen läufst, gut motivieren könnte.«

»Ich habe im Büro einen Kollegen, der regelmäßig Laufen geht. Mit ihm war ich schon ein paar Mal in der Mittagspause unterwegs. Das motiviert mich.«

»Du siehst, je länger wir darüber sprechen und nachdenken, umso klarer wird uns das Ganze. Wenn dich die ›Bühne‹ motiviert, dann wäre die Teilnahme an einem Stadtlauf oder Firmenlauf eine gute Idee. Ein anderer Schüler von mir hat sich vorgenommen, einen Halbmarathon nach einem Jahr zu laufen. Es kann dahinter auch die Motivation stecken, anderen stolz von der eigenen Leistung berichten zu können. Das ist weder gut noch schlecht. Es verhält sich wie mit der Eitelkeit: Nutze sie, wenn sie da ist.

Anhand deines guten Abiturs kannst du selbst einmal überlegen, was die Motivatoren für deinen Erfolgscode sind.«

»Ich wollte Freiheit, selbst bestimmen, welchem Berufswunsch ich nachgehe, und mir nicht von anderen etwas vorschreiben lassen. Vor allem wollte ich meinem Vater beweisen, dass ich genauso gut bin wie mein Bruder. Ich hatte mir das Ziel genau definiert.«

»Hinzu kommt, dass du jemand kanntest, der das vor dir schon geschafft hat. Das hat dir offensichtlich geholfen, fest daran zu glauben, dass du es auch kannst.«

Ich nahm mein Heft und schrieb diese Motivatoren in meine Liste. Es war sehr aufschlussreich, sich über die eigene Motivation Gedanken zu machen.

»Wir schöpfen die Kraft aus uns selbst, nur das, was bereits in uns ist, können wir aktivieren.«

Ich war am Ende dieser Übung froh, einen wichtigen Bestandteil meines Erfolgscodes entschlüsselt zu haben.

Mein persönlicher Erfolgscode:
- Es sagt mir jemand, dass ich etwas nicht kann,
- eine Wette eingehen,
- mit anderen zusammen etwas machen,
- stolz auf einer Bühne zeigen, was ich kann,
- mehr Möglichkeiten schaffen,
- Freiheit erlangen,
- jemand, den ich kenne, hat es vor mir geschafft,
- anderen etwas beweisen,
- Gesundheit,
- genau definiertes Ziel.

Robe beobachtete mich, als ich mir die Liste durchlas.

»Spürst du das stolze Lächeln auf deinem Gesicht? Du hast jetzt gerade eine besonders selbstbewusste Ausstrahlung!«, bemerkte er. »Du fühlst jetzt sicherlich, welche Kraft es dir gibt, wenn du dich an die zurückliegenden Erfolge in deinem Leben erinnerst. Nutz das in Zukunft, und setz es bewusst ein. Es ist da, es ist eine Ressource, auf die du immer zugreifen kannst.

Am besten nenne ich dir zum Abschluss noch ein paar Motivatoren von anderen Menschen, die ihren persönlichen Erfolgscode entschlüsselt haben. Vielleicht erkennst du ja noch den ein oder anderen Punkt. Es gibt Menschen, die sind motiviert, weil sie sich dadurch von anderen abheben können oder weil ein finanzieller Vorteil damit verbunden ist. Wieder andere tun es, um anderen einen Gefallen zu tun, um an Beliebtheit zu gewinnen. Wieder andere wollen ihre Leistungsfähigkeit unter Beweis stellen, während einige gerne etwas tun, was noch kein anderer vor ihnen getan hat.«

Während Robe die Motivatoren aufzählte und erläuterte, bemerkte ich, dass ich oft auch schon motiviert war, wenn ich etwas für andere tun konnte. So half ich immer wieder bei Umzügen oder übernahm im Büro freiwillig Urlaubsvertretungen. Das war sicherlich auch Teil meines Erfolgscodes. Stellte sich nur die Frage, wie ich das bei meinem Laufthema aktivieren konnte. Könnte ich vielleicht jedes Mal einen Euro in ein Sparschwein werfen, wenn ich Laufen ging, und das Geld nach einem Jahr für einen guten Zweck spenden.

Während ich darüber nachdachte, ergänzte ich meine Aufzählung um den Punkt:

- etwas für andere tun.

Das war eine interessante Kombination. Mir wurde klar, dass in dem ein oder anderen Fall jemand von außen diesen Knopf bei mir gedrückt hatte.

»Du hast mit dieser Übung einen ganz bedeutenden Teil des Geheimnisses erfahren. Nur sehr wenige Menschen kennen und aktivieren die in ihnen bereits vorhandenen Motivatoren. In der Vorbereitungsphase und vor allem in der Aktionsphase wird dir diese Selbsterkenntnis sehr hilfreich sein.

Bei den zwei Zielen, die du erreichen willst, wird es wichtig sein, dass du ganz bewusst diese Teile des Erfolgscodes selbst aktivierst. Dadurch greifst du auf bereits bestehende Ressourcen zurück und handelst selbstbestimmt. In der Vorbereitungsphase werden wir uns intensiv mit der praktischen

Umsetzung beschäftigen. Wenn dir weitere Teile deines Erfolgscodes bewusst werden, füg sie einfach hinzu. Das hier ist erst der Anfang. Schritt für Schritt kommen wir dem Punkt näher, an dem du einen Entschluss fassen wirst.

Wir beschäftigen uns jetzt mit dem letzten Punkt der Erkenntnisphase: den inneren Blockaden. Das, was dich in der Vergangenheit davon abgehalten hat, deine Ziele nachhaltig zu erreichen. Schreib als fünften Punkt in dein Heft die Überschrift: ›Meine inneren Blockaden.‹

»Reicht denn der Erfolgscode allein nicht aus? Ich bin so motiviert, dass ich dachte, es reicht bereits aus, meine persönlichen Erfolgsfaktoren zu kennen.«

»Schön, dass du schon jetzt so motiviert bist, aber in vielen Fällen sind es die inneren Blockaden, die uns vom Weg abbringen. Auf die Blockaden musst du dich genauso gut vorbereiten, weil sie auf jeden Fall kommen und dich zum Stolpern bringen. Deswegen fallen so viele Leute wieder in ihre alten Verhaltensmuster zurück, weil sie darauf nicht vorbereitet sind.

Du hast dir in der Vergangenheit schon öfter vorgenommen, regelmäßig zu laufen. Aus irgendeinem Grund war es gut, dass du irgendwann einmal damit wieder aufgehört hast. Eine Blockade war im Einsatz. Immer öfter muss es so gewesen sein, dass es besser war, nicht zu laufen, als zu laufen. In dem Augenblick der Entscheidung, in dem du darüber nachdenkst, ob du laufen gehst oder nicht, sind beide Energien im Einsatz. Die Frage ist nur, welche Kraft die stärkere ist? Ist es die innere Blockade oder die Motivation?

Wenn du im Winter zu Hause auf der Couch gesessen hast, hast du dann darüber nachgedacht zu laufen? Sofort waren alle deine Berater im Einsatz, die es immer gut mit dir meinten.«

»Wie darf ich das mit den ›Beratern‹ verstehen?«

Robe schaute mich freundlich an. »Es ist so, dass der Mensch nichts bewusst oder unbewusst zu seinem Nachteil tut. Jetzt ist die Frage, warum das so ist?

Das Gehirn merkt sich alles, was du jemals erlebt hast. Deshalb hat es unzählbar viele Verknüpfungen. Wir merken uns alles, was wir erleben, und speichern es mit einem passenden Gefühl ab. Erleben wir eine ähnliche Situation wieder, dann zeigt uns unser Gehirn durch ein Gefühl an, wie wir uns am besten verhalten sollen. Die Absicht ist immer eine positive. Schließlich sollen wir ja überleben.

Jede Erfahrung ist wie ein Berater, der uns einen guten Rat gibt. Hast du die erste Begegnung mit einem Hund, mit dem du ganz toll spielen kannst, dann wird dir dein innerer Berater bei der nächsten Begegnung mit einem Hund ein gutes Gefühl senden. Hast du jedoch bei deinem ersten Kontakt mit einem Hund eine schlechte Erfahrung gemacht, dann wird dir dein innerer Berater ein anderes Gefühl schicken. Du spürst Angst, weichst zurück und bringst dich in Sicherheit. Du kannst dir das System leichter erschließen, wenn du dir vorstellst, dass der Berater eine Art Schutzengel ist. Für jede Situation steht er dir beratend zur Seite. Er meint es immer gut mit dir.«

Plötzlich überraschte mich Robe mit einer seiner spontanen Fragen: »Durch welches Getränk hattest du deinen ersten Rausch?«

Ich musste überlegen. »Es war auf einer Fete, und danach musste ich mich übergeben. Wir hatten um die Wette getrunken und hatten mehrere Flaschen Kräuterbitter dabei.«

»Kannst du heute noch Kräuterbitter trinken?«

»O Gott, nein! Wenn ich Kräuterbitter nur rieche, ekelt es mich. Obwohl der ja bis dahin für mich ganz lecker gewesen war.«

»Siehst du, dein Schutzengel hat sich das gemerkt und meint es nur gut mit dir, wenn dir jemand einen Kräuterbitter anbietet. Sobald du an das Getränk denkst, ist er in Sekundenschnelle da und ruft dir zu: ›Lass es sein! Davon wird dir schlecht, und du musst dich übergeben.‹ Wenn du jetzt mit mir einen Kräuterbitter trinken würdest, dann ginge es dir ja nicht schlecht. Aber dein Schutzengel hat das einmal erlebt. Er verbindet mit dem Getränk nichts Gutes und lehnt es ab, dass du überhaupt einen Schluck trinkst. In diesem Augenblick denkt er immer an jenen schrecklichen Moment. Weil er dich dich beschützen will.«

»Bleibt das denn jetzt für immer so, dass mich mein Schutzengel von allen Dingen abhält, die ich einmal als schlecht erlebt habe?«

»Ja, im Prinzip schon. Du kannst natürlich neue Erfahrungen zulassen. Dafür musst du achtsam sein und aus dem Automatismus aussteigen. Also ganz bewusst einen Kräuterbitter trinken und dann ganz bewusst eine neue Erfahrung zulassen. Das musst du dann öfter wiederholen, bis dein Schutzengel erkennt, dass dieses Getränk doch nicht so schlimm für dich ist. Wichtig ist jedoch, dass du bereit bist, eine neue Erfahrung zuzulassen. Fachleute bezeichnen das als ›Desensibilisierung‹. Je öfter wir gute Erfahrungen machen, diese zulassen und bewusst die Situation erleben oder gar genießen, umso besser wird die Erfahrung mit der Zeit.

Der Schutzengel hält dich dann zwar gut gemeint, aber leider unnötig von deinem guten Vorsatz ab. Somit wird er zu einer inneren Blockade, die du mit Logik kaum lösen kannst. Nun noch einmal die Frage: Was hat es dir in der Vergangenheit gebracht, doch nicht zum Laufen zu gehen? Was hat dir dein innerer Berater oder Schutzengel zugerufen, weil er es gut mit dir meinte?«

»Na ja, wenn ich im Winter abends auf der Couch saß, meinte er zu mir, dass es draußen ja schon dunkel sei und ich heute ohnehin genug gearbeitet hätte. Im Winter ist es kalt, das sei schlecht für die Lunge, und wenn es glatt ist, dann könnte ich stürzen. Und dann meinte er auch noch, dass es entspannender sei, auf der Couch zu liegen und einen Film anzuschauen. Und dass diese Entspannung für mich jetzt wichtiger sei, vor allem nach einem stressigen Tag. Und dann habe ich besonders im Winter immer öfter auf den Schutzengel gehört und mit ihm vereinbart, dass ich im Frühjahr mit dem Laufen wieder anfangen könne. Und das war dann tatsächlich eine Blockade. Ich dachte, das sei mein innerer Schweinehund, den ich da bekämpfen müsse.«

»Ich arbeite lieber mit dem Bild des Beraters oder des Schutzengels. Alles, was wir bekämpfen, wird größer. Deswegen finde ich es besser, den positiven Aspekt zu erkennen, um dann mit dem Schutzengel in Verhandlung zu treten. Er will uns ja beschützen. Was war denn der Schutz, der dahintersteht?«

»Mein Schutzengel wollte, dass ich mir keinen körperlichen Schaden zufügte. Er hielt es nach stressigen Tagen für besser, dass ich mich ausruhte. Er wollte mir eine einfache Lösung anbieten und wusste offensichtlich nicht, dass man mit einem Lauf von 20 Minuten sehr schnell das Adrenalin im Körper abbauen kann, das der Körper in stressigen Situationen tagsüber aufgebaut hat.«

»Das ist die erste Dimension, die du betrachten solltest, wenn du darüber nachdenkst, was dich von deinem guten Vorsatz abbringen kann. Welcher Schutzengel hat dich in der Vergangenheit bei der Tages- und Wochenplanung blockiert?«

»Na ja, dieser Schutzengel meinte wohl, es sei besser, morgens sofort loszulegen, damit ich auch alles zeitnah erledigt bekomme, dass die Zeit, die ich mit der Planung verbringe, vergeudete Zeit sei. Zudem riet er mir, sofort jede Mail zu lesen, damit ich über alles direkt Bescheid weiß und schnell reagieren kann.«

»Er meinte es gut, blockierte dich aber, privat sowie beruflich.

In der nächsten Phase erkläre ich dir, wie du diese Erkenntnis in zielführendes Verhalten umsetzen kannst. In der zweiten Phase liegt dann die Konzentration auf der Planung und der Vorbereitung.

Die zweite Dimension, die es zu betrachten gilt, sind sogenannte Werte- und Zielkonflikte. Dein Verhalten wird stark von deinen persönlichen Werten beeinflusst. Ist die Familie und ihre Unterstützung ein großer Wert für dich, kann es passieren, dass du mit der festen Absicht nach Hause kommst, laufen zu gehen. Wenn dich dann aber dein Partner um einen Gefallen bittet, meldet sich der Schutzengel, der für die Werte zuständig ist, und ruft dir dann eventuell zu: ›Du bist jetzt ganz schön egoistisch. Du stellst diesen Vorsatz über den familiären Wert.‹ Das nennt man einen Wertekonflikt.

Ein Zielkonflikt liegt dann vor, wenn sich dein Ziel oder dein guter Vorsatz mit einem anderen Ziel überschneidet und deswegen eine Blockade entsteht. Es gilt dann zu beachten, dass sich die beiden Ziele nicht widersprechen. Ich hatte einmal einen Schüler, der hatte sich vorgenommen, dreimal pro Woche eine Stunde Sport zu treiben. Das lag im Widerspruch zu seinem zweiten Ziel, mehr mit seiner Familie zu unternehmen. Er hat es dann so gelöst, dass seine Frau und seine Tochter neben ihm mit dem Fahrrad gefahren sind, während er lief. So hatte er seinen Sport und war gleichzeitig mit seiner Familie zusammen. Für den Winter hat er sich dann ein Trimmrad gekauft und im Wohnzimmer aufgestellt.

Nimm jetzt bitte wieder dein Heft, und überleg, welche Schutzengel in der Vergangenheit im Einsatz waren, die es gut mit dir meinten, dich aber letztendlich von deinem guten Vorsatz abgehalten haben. Nur wenn wir sie identifiziert haben, können wir auch mit ihnen arbeiten.«

In mein weißes Heft schrieb ich unter den fünften Punkt:

Privater Vorsatz: regelmäßig Laufen gehen
Schutzengel:
- Entspannung nach einem stressigen Tag ist wichtiger.
- Kalte Luft ist schlecht für die Lunge.
- Ich möchte, dass du dich schonst.
- Du darfst nicht egoistisch sein.

Werte- und Zielkonflikte:
- Jemandem einen Gefallen tun.
- Arbeit ist wichtiger als Sport.
- Entspannung ist mir auch wichtig (Meditation).
- Es fehlt mir die Zeit mit Freunden (Einladungen).

Beruflicher Vorsatz: Tages- und Wochenplanung
Schutzengel:
- Du musst sofort anfangen zu arbeiten.
- Am Freitagnachmittag hast du dir Ruhe verdient.
- Das ist ein zusätzlicher Aufwand, der nichts bringt.
- Du wirst so oft gestört, dass Planung keinen Sinn macht.
- Das Planen hält dich von der wichtigen Arbeit ab.

Werte- und Zielkonflikte:
- Kollegen, die sofort Hilfe wollen.
- Kunden, die ein dringendes Problem haben.
- Möglichst viel erledigen wollen.

Ich las Robe meine Aufzeichnungen vor und legte das Heft dann vor mich.

Mit einem breiten Grinsen schaute er mich an und sagte: »Herzlichen Glückwunsch, wir haben die erste Phase – die Erkenntnisphase – abgeschlossen. Du kennst jetzt dein Ziel und weißt, welches Verhalten dich dahin bringt und dafür sorgt, dass du dir das neue Verhalten Zug um Zug zur Gewohnheit machst. Du hast genug gute Gründe gefunden, warum du es tun willst, und kennst deine Bedürfnisse, die du damit befriedigst. Du hast deine Stärken und deine Talente hervorgehoben und hast deinen Erfolgscode entschlüsselt. Somit bist du auch in der Lage, diese in der Vorbereitungsphase und später in der Aktionsphase, bewusst zu aktivieren und einzusetzen. Du weißt, welche ehemaligen Erfolge dich bei deinen neuen Vorhaben beflügeln, vor allem dann, wenn es schwierig wird. Du hast die Blockaden entdeckt, die dir in der Vergangenheit die Umsetzung so schwergemacht haben.

Und du bist dir darüber im Klaren, ob es widerstrebende Interessen in Bezug auf andere Ziele gibt und ob dein neues Verhalten mit deinen Grundwerten im Einklang ist. Das ist eine enorm wichtige Vorarbeit gewesen!«

»Ja, mir ist jetzt viel klarer, warum das in der Vergangenheit immer wieder scheitern musste. Der Verstand allein genügt eben nicht. Menschliches Verhalten ist doch sehr komplex. Ich bin froh, dass ich jemanden gefunden habe, der mir das nachvollziehbar erklärt und für mich erlebbar macht. Ich bin echt gespannt, wie es jetzt weitergeht.«

Fühl dich bereits so,
als hättest du dein Ziel erreicht.

11
Die Vorbereitungsphase

»Du willst jetzt bestimmt loslegen. Das kann ich gut verstehen. Die meisten Menschen scheitern schon allein deswegen, weil sie sich keine Zeit für die Erkenntnis nehmen, aber die Vorbereitung ist genauso wichtig. Sie bereiten sich oft besser auf eine Reise vor als auf die Umsetzung eines guten Vorsatzes. Bis zu unserem nächsten Wiedersehen wirst du dich wieder mit einer Übung beschäftigen. Diese Übung besteht aus drei Teilen:

Erstens beschreibst du deine beiden Ziele so, als hättest du sie bereits erreicht. Beschreib, wie es sich für dich anfühlt, das Ziel erreicht zu haben. Zudem formulierst du, welches Verhalten dich dorthin gebracht hat und warum es so gut für dich ist. Am Schluss schreibst du noch auf, warum du dankbar dafür bist.«

Er stand auf und ging zu der Barockkommode, die an der Wand stand. Aus der obersten Schublade holte er ein altes

Schulheft und setzte sich wieder. »Das ist mein altes Zieleheft, das ich benutzt habe, als ich mich auf den Berlin-Marathon vorbereitet habe. Jeden Morgen beim Frühstück habe ich laut daraus vorgelesen und die entstandenen Gefühle auf mich wirken lassen.« Liebevoll öffnete er das Heft und ließ seine Augen über die Zeilen wandern. Ein Lächeln entfaltete sich um seine Mundwinkel. Er holte Luft und begann zu lesen:

»Es ist der 29. September 2007, und ich laufe durch das Brandenburger Tor. Ich schaue auf meine Uhr und sehe, dass ich eine Zeit von unter fünf Stunden gelaufen bin. Ich bin stolz und froh zugleich. Ich weiß, dass sich die Mühe gelohnt hat, dass der Schmerz geht, und der Stolz bleibt. Ein Gefühl von Freude und Heiterkeit erfüllt meinen ganzen Körper.

Ich habe konsequent meinen Trainingsplan eingehalten und besonders in den letzten zwölf Wochen die langen Läufe trainiert. Ich würde es immer wieder machen, weil ich mir selbst bewiesen habe, dass ich kann, wenn ich will. Ich fühle mich körperlich fitter und bin disziplinierter. Ich bin dankbar, dass ich mir einen weiteren Lebenstraum erfüllt habe und ihn auf meiner persönlichen To do-Liste abhaken kann.«

Als er das vorgelesen hatte, herrschte erst einmal Stille im Raum. Behutsam legte er das Heft auf den Tisch und schaute mich an. Ich war begeistert. Allein diese Sätze zu hören motivierte mich ungemein.

»Ich bin gerade wieder in dem alten Gefühl gewesen und habe mich am Brandenburger Tor gesehen. Es ist schon lange her, seit ich das Heft das letzte Mal in der Hand hatte. Du bist übrigens der Erste, dem ich das vorgelesen habe.«

Das ehrte mich sehr. Es gab mir aber auch die Zuversicht, dass auch ich es schaffen würde.

Er fuhr fort: »Zuerst formulierst du deine beiden Ziele. Es ist wichtig, dass du sie konkret und positiv beschreibst. Das ist wichtig für dein Gehirn. Die Beschreibung der entsprechenden Gefühle unterstützt dich zusätzlich, und mit den guten Gründen überzeugst du dich selbst davon, warum du es tun willst. Es ist besonders wichtig, dass du es als bereits erreicht beschreibst und mit einem Gefühl der Dankbarkeit kombinierst. Das verstärkt deinen Glauben an die Umsetzung, weil wir nur dankbar für Dinge sind, die wir auch tatsächlich erreicht haben.

Im zweiten Schritt machst du dir Gedanken über ein Motto, einen Slogan oder ein Zielbild, das dich auf dem Weg dahin unterstützt.

Als Drittes stellst du dir einen Plan auf mit Meilensteinen. Das Verhalten sowie die Ergebnisse sollten an den Meilensteinen erkennbar sein. Dein Plan sollte Stufen enthalten, damit du Stufe für Stufe den Glauben an dich stärkst. Überleg dir, wie und womit du dich für die Erreichung der einzelnen Stufen belohnen willst. Und was deine Belohnung am Schluss sein soll.

Komm nächsten Samstag wieder, und präsentier mir deine Ergebnisse. Nimm dir für die Übung genug Zeit. Es ist sehr wichtig, weil eine gute Formulierung wichtig ist. Mach deine Erfahrungen damit.«

»Wie erkenne ich denn, dass die Formulierung gut ist?«, wollte ich wissen.

»Wenn sie dein Herz berührt. Wenn du weinen könntest vor Glück, weil das alles so geschehen ist. Wenn sich dieses Gefühl beim Lesen einstellt, dann weißt du, dass du es unbedingt willst.«

Als Robe mir seine Zielsätze vom Berlin-Marathon vorgelesen hatte, war ich schon extrem berührt gewesen. Und das, obwohl es nicht mein eigenes Ziel war.

Mit einem Pfeifen auf den Lippen fuhr ich von Bonn nach Köln. Ich hatte Isabell versprochen, ihr von meinen Erlebnissen zu berichten. Ich wählte ihre Nummer, und nach dem zweiten Klingelzeichen hörte ich ihre verschlafene Stimme über die Freisprechanlage.

»Hi, ich bin's. Hab ich dich geweckt?«

»Ja, ich war auf der Couch eingeschlafen. Endlich habe ich mir das einmal gegönnt. Was verschafft mir die Ehre? Wie geht's dir?«

»Gut geht's mir, ich komm gerade von meinem Meister.«

»Echt?! Erzähl, ich bin total neugierig! Was ist das Geheimnis?«

»Es gibt nicht das eine Geheimnis. Es ist das Zusammenspiel von verschiedenen Phasen, die man durchläuft. In den einzelnen Phasen muss man dann verschiedene Regeln beherzigen. Das macht am Ende dann das geheime Wissen aus. Es gibt insgesamt drei Phasen. Ich bin heute mit der ersten Phase fertig geworden und habe neue Hausaufgaben aufbekommen.«

»Was sind das für Aufgaben?«

»Ich muss mein Ziel als bereits erreicht beschreiben und mir überlegen, wie ich dahin gekommen bin.«

»Aber du hast es noch gar nicht erreicht. Was soll das denn?«

»Ja, was soll ich sagen, genau das machen die Leute falsch, die ihre Ziele nicht erreichen. Offensichtlich reicht es nicht aus zu sagen, dass ich irgendwann einmal mehr Sport treibe.

Jetzt weiß ich auch, dass die meisten alleine deswegen scheitern, weil sie sich viel zu wenig Gedanken über ihr bisheriges Verhalten machen. Was hältst du davon, wenn ich dich heute Abend zum Italiener einlade und dir alles erzähle?«

»Das geht klar. Ich bin so gespannt. Sagen wir um 20 Uhr bei *da Luigi*?«

»Super, ich hole dich 19.45 Uhr ab.«

Sie sagte zum Abschied lachend: »Mach dich hübsch für mich!«

Wir lachten beide, als wir auflegten. Ich fühlte mich gut und freute mich auf Isabell.

Nach einem lustigen und tiefsinnigen Abend mit meiner besten Freundin saß ich am Sonntag in meinem Sessel und hatte das Heft mit meinen Aufgaben vor mir. Ich wollte sofort loslegen und mich dem ersten Ziel widmen: *regelmäßig Laufen gehen*. Ich nahm einen Schluck Kaffee und schaute auf meine Notizen. Robe hatte mir empfohlen, mir für die Aufgabe genügend Zeit zu nehmen.

Das Ziel als bereits erreicht formulieren. Es war Ende März, und ich entschied, dass ich mein Ziel bis Ende des Jahres erreicht habe. Ich sammelte Stichworte:

- Es ist der 31. Dezember, und ich bereite mich auf unsere Silvesterfete vor.
- Seit März bin ich konsequent zweimal pro Woche gelaufen.
- Ich bin stolz, dass ich durchgehalten habe.
- Ich fühle mich körperlich viel besser.
- Ich habe auch schon ein paar Kilo verloren.
- Ich bin dankbar für die Impulse und Geheimnisse von meinem Meister.

- Ich bin dankbar dafür, dass ich jetzt weiß, wie man auch andere Ziele erreichen kann.
- Ich erzähle es stolz meinen Freunden auf der Fete.
- Ich habe immer sonntags geplant.
- Ich hatte immer einen Ausweichtermin.
- Ich habe mich jeden Tag an mein Ziel erinnert.
- Ich fühle mich sehr gut und habe mehr Selbstbewusstsein, weil ich von mir weiß: Wenn ich will, dann schaffe ich es auch.
- Ich habe den Glauben an mich und meine Stärken zurückgewonnen.
- Ich bin ausgeglichener.
- Ich weiß, es hat sich gelohnt, so konsequent zu sein.
- Einmal pro Woche habe ich meinem Meister meine beiden Läufe gemeldet.

Allein schon beim Aufschreiben der Punkte fühlte ich mich besser. Das war ein tolles Gefühl und hatte eine ganz andere Power. Warum war so etwas noch ein Geheimnis? Das sollte eigentlich jeder wissen, dass allein eine solche Formulierung schon so viel mehr bewirken kann. Nach mehreren Anläufen auf dem Schmierpapier hatte ich mich für folgende Formulierung entschieden:

Es ist der 31. Dezember. Ich stehe mit Elias auf der Silvesterfete und erzähle stolz, dass ich seit März konsequent jede Woche zweimal gelaufen bin. Ich fühle mich total gut dabei. Ich bin glücklich, weil ich es geschafft habe. Ich habe den größten Sieg errungen, den ein Mensch erringen kann, den Sieg über mich selbst. Das macht mich selbstbewusst, weil ich weiß, dass ich kann, wenn ich will. Es stärkt den Glauben an mich selbst. Ich fühle mich körperlich besser und fitter und bin ausgeglichener. Ich habe jeden Sonntag meine Läufe für die kommende Woche geplant. Immer hatte ich auch einen Ausweichtermin auf meiner Liste. An den vier Meilensteinen habe ich mich mit Dingen belohnt, die mir guttun. Das habe ich sehr genossen. Meine Belohnung zu Weihnachten war eine Uhr, die ich mir schon länger gewünscht habe. Einmal pro Woche habe ich mit meinem Meister telefoniert und ihm von meinen Läufen berichtet.

Ich bin dankbar, dass ich den Impuls bekommen habe. Ich bin dankbar, dass ich in das geheime Wissen zur Zielerreichung eingeweiht wurde und es nun auf andere gute Vorsätze anwenden kann.

Als ich mir meine Sätze nochmals durchlas, spürte ich eine große Zufriedenheit und innere Ruhe. Der erste Schritt war getan. Ich hatte Lust, meine Laufschuhe anzuziehen und Lust, meinen Wochenplan zu machen. Ich holte mir ein Blatt Papier und strukturierte meine Woche. Ich entschied mich für den Montag und den Mittwoch als meine Sporttage. Den Freitag wählte ich als Ausweichtag.

Der zweite Teil meiner Aufgabe war, mir ein Motto zu suchen. Ein Zielbild, etwas, das mich gefühlsmäßig daran erinnerte und das mich in der Erreichung meines guten Vorsatzes unterstützen sollte.

Ich las mir meine Zielsätze durch und ließ sie auf mich wirken. Der Slogan von meinem Meister, der in goldener Schrift vorne auf meinem Heft stand, sprach mich sofort an: *Ich will, ich kann, ich glaube dran!* Das konnte ich sogar beim

Laufen im Rhythmus sprechen. Ich will, ich kann, ich glaube dran! Spontan kam mir das Bild von Rocky Balboa in den Sinn, der mit hochgestreckter Faust auf den Stufen stand. Ich suchte nach dem Bild im Internet. Dieses Bild sprach mich emotional total an. Den Film hatte ich mir schon öfter angeschaut. Ich kopierte mir das Bild und wählte es als Startbildschirm aus. So konnte ich es jeden Tag sehen. Ich habe es erreicht, ich bin stolz und selbstbewusst, genau das drückte dieses Bild für mich aus. Jetzt richtete ich meine Aufmerksamkeit auf den dritten Teil meiner Aufgabe. Einen Stufenplan mit Meilensteinen und Belohnungen.

Plan:
Ich plane jeden Sonntag die nächste Woche in Bezug auf meine Läufe. Ich plane immer auch einen Ausweichtermin ein. Ich laufe immer mindestens 40 Minuten am Stück.

Meine Meilensteine:
Meilenstein 1: nach 4 Wochen,
Meilenstein 2: nach 8 Wochen,
Meilenstein 3: nach 3 Monaten,
Meilenstein 4: nach 6 Monaten,
Meilenstein 5: an Weihnachten.

Meine Belohnungen:
Meilenstein 1: eine gute Flasche Rotwein
Meilenstein 2: eine Jazz-CD
Meilenstein 3: ein schöner Kugelschreiber
Meilenstein 4: mit Isabell zum Jazzkonzert gehen
Meilenstein 5: eine Uhr

Ich beschloss, spontan eine Runde zu laufen. Es war gutes Wetter, und nachdem ich den ersten Teil meiner Aufgabe erledigt hatte, passte das jetzt. Beim Laufen könnte ich mir dann schon einmal ein paar Gedanken machen über den guten Vorsatz im Job. Und vor allem wollte ich ausprobieren, ob ich mein Motto beim Laufen im Rhythmus sprechen konnte. *Ich will, ich kann, ich glaube dran!* Dass passte total gut. Ich konzentrierte mich auf meinen Lauf und genoss die Aussicht am Rhein.

Ich achtete auf mein Gefühl beim Laufen. Nach dem Duschen würde ich immer noch genug Zeit haben, mir über mein nächstes Ziel Gedanken zu machen. Man konnte zwar beim Laufen sehr gut die Gedanken kreisen lassen, aber seitdem ich meditierte, merkte ich, dass ich das, was ich tat, lieber achtsam tat. Und wenn ich laufe, dann laufe ich.

Laufen hatte einen richtig guten Einfluss auf meine Laune.

Mit dieser guten Laune und Ausgeglichenheit machte ich mich an die zweite Aufgabe. Ich konzentrierte mich auf meinen guten Vorsatz für den Job. Ich wollte mir eine Wochen- und Tagesplanung zur Gewohnheit machen.

Wie formulierte ich dieses Ziel als bereits erreicht? Wie konnte man das messen? Plötzlich sah ich in Gedanken einen Stapel von Wochenplänen vor mir. Ja, genau, ich könnte die Wochenpläne in einem Ordner sammeln, und am Jahresende müssten es von heute gerechnet 40 Pläne sein. Für die Tagesplanung könnte ich wie auch beim Meditieren eine Liste führen, auf die ich für jede Planung ein Kreuz mache. Dann wären auf der Übersicht mindestens 150 Kreuze zu sehen.

Ich nahm wieder ein Blatt Papier und notierte erst einmal Stichworte:

Das Ziel als bereits erreicht formulieren:

- Es ist der 19. Dezember, mein letzter Arbeitstag in diesem Jahr.
- Ich sitze in meinem Büro.
- Vor mir liegt ein Ordner mit Wochenplänen.
- Vor mir liegt ein Blatt mit 150 Kreuzen.
- Ich bin stolz, dass ich durchgehalten habe.
- Jeden Freitag habe ich meinen Wochenplan gemacht.
- Jeden Morgen habe ich meine Tagesplanung gemacht, bevor ich den Rechner eingeschaltet habe.
- Habe auch tagsüber noch mal draufgeschaut.
- Habe nicht zu viel Zeit verplant.
- Meine Kollegen und Kunden sind zufriedener mit mir.
- Ich bin ruhiger und gelassener.
- Ich bin dankbar für die Erfahrung.
- Meilensteine: 4 Wochen, 3 Monate, 6 Monate.

Auch dieses Mal nahm ich mehrere Anläufe, bis ich die richtige Formulierung gefunden hatte. Mit einer sauberen Schrift trug ich sie ins Heft ein:

Es ist der 19. Dezember. Ich sitze in meinem Büro, und vor mir auf dem Schreibtisch liegt ein Ordner mit 40 Wochenplänen. Neben dem Ordner liegt ein Blatt, auf dem ich jedes Mal, wenn ich meine Tagesplanung gemacht habe, ein Kreuz eingezeichnet habe. Es sind 150 Kreuze. Ich bin stolz, dass ich seit März konsequent jede Woche geplant und genauso konsequent meine Tagesplanung durchgeführt habe. Diese Arbeitsweise hat meinem Selbstbewusstsein sehr gut getan. Ich bin tagsüber zufriedener, weil ich dadurch sehe, dass ich Aufgaben erledigt habe. Kollegen und Kunden freuen sich über meine Zuverlässigkeit. Der Wochen- und Tagesplanung habe ich mich morgens immer als Erstes gewidmet. Auch tagsüber habe ich immer wieder meinen Plan kontrolliert. An den drei Meilensteinen habe ich mich mit Dingen belohnt, die mir guttun. Das habe ich sehr genossen. Meine Belohnung zum Schluss war ein edles Etui für meine Visitenkarten. Jeden Freitag kurz vor Büroschluss habe ich Isabell eine Mail geschickt und ihr bestätigt, dass ich den Wochenplan geschrieben habe. Ich bin dankbar, dass ich jetzt weiß, wie ich einen guten Vorsatz zur Gewohnheit machen kann.

Auch diese Sätze las ich mir mehrfach mit einem guten Gefühl durch. Ich sah mich in Gedanken schon an meinem Büroschreibtisch sitzen. Ich spürte seltsamerweise sogar schon den Stolz, der sich nach jeder gelungenen Planung in mir ausbreitete. Mein guter Vorsatz war das Planen, und jetzt war der zweite Teil, einen Plan für das Planen zu erstellen.

Mein Plan:
- Ich plane jeden Freitag die nächste Woche in Bezug auf meine Aufgaben im Job.
- Ich plane jeden Morgen meinen Tag und schaue tagsüber immer wieder auf meinen Plan.
- Aufgaben, die ich nicht erledigen konnte, übertrage ich abends auf den nächsten Tag.

Meine Meilensteine:
- Meilenstein 1: nach 4 Wochen
- Meilenstein 2: nach 3 Monaten

- Meilenstein 3: nach 6 Monaten
- Meilenstein 4: 19. Dezember

Meine Belohnungen:
- Meilenstein 1: eine gute Flasche Rotwein
- Meilenstein 2: eine Jazz-CD nach Wahl
- Meilenstein 3: ein schöner Kugelschreiber
- Meilenstein 4: eine alte silberne Zigarettendose für meine Visitenkarten

Was für ein Motto könnte passend sein? Was war ein passendes Zielbild? Mir kam das Bild eines zufriedenen Menschen in den Sinn. Ich suchte im Internet und blieb bei einem Bild von einem glücklichen Jungen hängen, das mich ansprach.

Was könnte mein Motto werden? Der Satz: *Ich hab den Plan!* schoss mir spontan durch den Kopf. Aber ich brauchte jetzt nicht sofort den perfekten Satz. Ich hatte noch die ganze Woche Zeit. Der passende Slogan würde mir schon einfallen.

Seine guten Vorsätze in die Tat umzusetzen war harte Arbeit und brauchte die nötige Ruhe und Zeit. Ich las noch einmal meine Aufzeichnungen durch und legte dann das Heft zufrieden beiseite. Es war gut, dass ich meine Aufgabe sofort erledigt hatte. Jetzt konnte nichts mehr dazwischenkommen. Ich war gespannt, welches Motto mir die Woche über begegnen würde.

Am Montagmorgen nahm ich mir im Büro eine Tasse Kaffee und ließ bewusst meinen Rechner aus. Ich schrieb mir meinen Wochenplan. Ich wollte gleich loslegen, auch wenn ich noch nicht alle Lektionen mit meinem Meister durchgearbeitet hatte. Dann schrieb ich meinen Tagesplan. Es kostete mich zwar Zeit, aber es brachte mir Ruhe. Stolz trug ich mein erstes Kreuz ein. Danach legte ich das Blatt unter die Schreibtischunterlage. Im Sideboard fand ich einen leeren Ordner. Ich schrieb auf das Rückenschild »19. Dezember« und war froh, den ersten Schritt getan zu haben.

Am Mittwochmittag, als ich in der Mittagspause beim Italiener saß, unterhielten sich am Nachbartisch zwei Leute. Immer wieder flogen Gesprächsfetzen zu mir herüber. Auf einmal hörte ich, wie die eine Person sagte: »*Gesagt, getan!*« Da war er, mein Slogan für mein zweites Ziel. Den Rest der Woche dachte ich voller Vorfreude daran, dass ich am Samstag wieder meinen nächsten Meistertermin hatte.

Wo deine Gedanken sind,
da ist deine Energie.

12
Das fünfte Treffen

Gespannt saß ich am Samstagmittag um 16 Uhr im Wagen und fuhr nach Bonn. Ich war mehr denn je entschlossen, diese Chance zu nutzen. Gut gelaunt kam ich im Villenviertel von Bad Godesberg an. Als ich den Raum betrat, stand der Tee schon auf dem Tisch, und Robe lehnte sich entspannt in seinem Sessel zurück.

»Ich bin vor allem neugierig auf dein Motto!«, leitete er unser Gespräch ein. Ich spürte, dass er echtes Interesse an mir und meiner Weiterentwicklung hatte. Und das, obwohl wir uns erst seit Kurzem kannten. Seine Wertschätzung tat mir sehr gut. Mit demselben Interesse wollte ich später auch meine Erfahrungen weitergeben.

»Ja, dann fange ich am besten auch mit dem Motto an. Es war gut, dass ich mir für diesen Prozess Ruhe und Zeit gegönnt habe, da man ein Motto nicht erzwingen kann. Das erste Motto fürs Laufen ist dein Slogan geworden. Ich kann diesen Satz während des Laufens so gut rhythmisch vor mich hin sprechen: ›Ich will, ich kann, ich glaube dran!‹ «

»Wichtig beim Motto oder beim Slogan ist, dass es dich emotional berührt und Gefühle bei dir auslöst. Positive Gefühle, die uns vor allem dann unterstützen, wenn es uns schwerfällt, das zu tun, was wir uns vorgenommen haben. Genau dieselbe Funktion haben die Bilder. Was hast du für ein Bild gefunden?«

Ich zeigte ihm das Bild von Rocky Balboa auf meinem Handy.

»Welche Emotion spricht dieses Bild bei dir an?«

»Das Gefühl, es geschafft zu haben, mich selbst und meine inneren Widerstände besiegt zu haben. Stolz zu sein auf einen Erfolg, für den nur ich selbst verantwortlich bin. All das drückt dieses Bild für mich aus.«

»Mit Bildern und dem Motto nutzt du die Kraft der Emotion, um dich selbst zu bestärken und zu motivieren. Du greifst auf eine Kraft zurück, die bereits in dir ist. Ich saß einmal beim Friseur, blätterte in einer Zeitschrift und entdeckte plötzlich ein Bild, das mich ansprach. In dem Moment wusste ich – das ist es. Ebenso könntest du überlegen, ob es eine Musik gibt, die ein solches Gefühl bei dir auslöst. Das kannst du dir dann als Klingelton einrichten. Oder du kannst das Lied hören, bevor du deinen Lauf startest, und danach, wenn du geduscht und gut gelaunt ein erfrischendes Getränk zu dir nimmst. Dann koppelst du diese Musik an bestehende Emotionen. Ich habe mir so zum Beispiel angewöhnt, morgens bei meinen tibetischen Heilyogaübungen immer dieselbe Musik zu hören. Wenn es mir schwerfällt, dann stelle ich die Musik an, und sie löst bei mir eine zusätzliche Motivation aus.«

»Dann werde ich mir die Filmmusik von *Rocky* als Klingelton aufs Handy laden«, sagte ich spontan.

»Und was hast du für deinen Vorsatz im Job gefunden?«

»Das war etwas anders. Als ich mir mein Zielbild gesucht habe, habe ich im Internet ein Bild von einem grinsenden Jungen gefunden. Ich werde es mir ausdrucken und ins Büro hängen. Den passenden Slogan zu finden war gar nicht so leicht. Zufällig habe ich dann in der Pizzeria aus einem Gespräch den Spruch ›Gesagt, getan‹ aufgeschnappt.«

»So hat also der Slogan den Weg zu dir gefunden. Es ist gut, dass du das nicht forciert hast. Ich habe zum Beispiel mal einen Slogan nach kurzer Zeit wieder geändert, weil mich ein anderer viel mehr gepackt hat. Du wirst auch im Laufe der Zeit merken, dass die Beschäftigung mit dem geheimen Wissen ein lebendiger Prozess ist. Es darf und wird sich weiterentwickeln. Du wirst darin deinen eigenen Weg finden. Was du auch noch zur Unterstützung im Büro machen kannst, ist, mit deinem Passwort am Rechner zu spielen. Dürft ihr euer Passwort selbst aussuchen?«

»Wir müssen immer Buchstaben und Zahlen mischen.«

»Ich hatte einen Schüler, der hat für sich die Kombination ›all4me‹ gewählt. Was ist das Gute an dem Passwort? Jedes Mal, wenn du dein Passwort eingibst, gräbt es sich tiefer in dein Unterbewusstsein ein. Das Gehirn lernt über Emotion und Wiederholung. Probier es einfach aus.«

Ich dachte über ein motivierendes Passwort nach.

»Was hältst du von ›Gesagt4ever‹«?

»Was bedeutet es für dich?«

»Ich habe das erste Wort aus meinem Slogan, und ›4ever‹ bedeutet, dass ich dauerhaft daraus eine Gewohnheit mache.«

»Gut, es hat für dich eine Bedeutung, und es spricht Emotionen bei dir an. Das ist das Wichtigste! So, und nun lies mir bitte deine Notizen vor, in denen du dein Ziel als bereits erreicht beschreibst.«

»Aber gern, dafür bin ich ja hier. Ich möchte natürlich auch wissen, ob es so stimmt.«

»Es müssen deine Sätze sein. Ich habe dir zwar meine Formulierung vom Berlin-Marathon vorgelesen. Aber du solltest lediglich ein Gefühl dafür bekommen und es nicht eins zu eins übernehmen. Deine Gefühle müssen transportiert werden, denn nur sie motivieren dich und sprechen dich an.«

Zuerst las ich meine Formulierung zum Thema »Laufen« vor. Ebenso meinen Plan.

»Das gefällt mir sehr gut. Es ist positiv formuliert, und ich spüre beim Vorlesen deinen Stolz. Auch die Meilensteine sind gut. Wichtig ist jetzt, ob du daran glaubst, dass du es genauso erreichen kannst. Was würdest du darauf wetten?«

Ich dachte nach. Ich könnte krank werden und könnte nicht durchgehend laufen. Es könnten sich im Job Situationen ergeben, wo ich morgens gleich zum Chef gerufen würde oder aus irgendeinem Grund nicht meinen Tag planen könnte. »Ich glaube, dass ich in Bezug auf die Wochenberichte die Zahl etwas reduziere und dass ich mich auch schon glücklich fühle, wenn ich es bis zum Ende des Jahres an 130 Tagen geschafft habe. Das fühlt sich für mich besser an. Daran glaube ich jetzt fest. Darauf bin ich bereit, 3000 Euro zu wetten.«

Robe lächelte mich an. »Weißt du noch, wie viel du beim ersten Mal bereit warst, auf dich zu wetten?«

»Ja, ich weiß, es waren 200 Euro.«

»Daran erkennst du, welche Entwicklung du in der kurzen Zeit genommen hast. Wenn du nicht daran glaubst, dass es passieren kann, dann wird es viel schwerer für dich. All diese Übungen dienen dazu, dass du den Glauben an die Zielerreichung festigst.«

»Ja, stimmt, ich habe mich beim Formulieren auch auf der Silvesterfete gesehen, und ich sah mich, wie ich am Ende des Jahres am Schreibtisch sitze.«

»Du hast die in dir wohnende Schaffenskraft genutzt. Das unterscheidet uns Menschen vom Tier. Alles was wir bewusst erschaffen haben, haben wir uns vorher ausgemalt, uns ein Bild davon gemacht. Denk nur an den Erfinder des Autos, der sich eine Kutsche ohne Pferde vorstellte. Die Methode dahinter ist, dass wir uns ein Bild erschaffen, es dann im Geiste malen und darin eintauchen. Das gibt uns ungemeine Kraft und schöpferische Energie. Das, was du in der letzten Woche formuliert und somit erschaffen hast, ist ein ganz zentraler Bestandteil des geheimen Wissens. Du versuchst es nicht nur, sondern du siehst dich bereits am Ziel. Diese Einstellung ist so viel kraftvoller als ein zögerlicher Versuch!« Während Robe das sagte, ballte er die rechte Faust. Das war Power. Ich spürte seine Begeisterung für eine Wahrheit, die er offensichtlich schon oft in seinem Leben erfahren hatte. Er saß auf der Sesselkante, und seine Augen sprühten vor Begeisterung. Ich war hoch motiviert. Es tat so gut, sich mit einem Menschen über den eigenen Erfolg auszutauschen.

Als hätte er meine Gedanken gelesen, fuhr Robe fort: »Du hast in den letzten Wochen deine Aufmerksamkeit auf deine wichtigen Themen gelenkt, die dich im Leben weiterbringen, und durch die Fokussierung haben sie für dich an Bedeutung gewonnen. Das ist ein weiterer Teil des geheimen Wissens. Alles, worauf wir unsere Konzentration lenken, wächst in unserem Leben und gewinnt an Bedeutung. Deswegen wird es auch später wichtig sein, dass du diesen Themen immer wieder die entsprechende Bedeutung gibst und deine Aufmerksamkeit darauf lenkst. Schon Konfuzius sagte: ›Wo deine Gedanken sind, da ist deine Energie!‹«

Nun war meine Formulierung zum guten Vorsatz im Job an der Reihe. Ebenso mein Plan. Dazu hatte ich noch eine Frage: »Warum sind denn die Belohnungen so wichtig?«

»Die Natur hat sich etwas einfallen lassen. Immer dann, wenn sich der Mensch angestrengt und etwas Positives erreicht hat, kommt es zu einer Dopamin-Ausschüttung im Gehirn. Dieser Botenstoff aktiviert das Gehirnareal, das wir als Glückszentrum bezeichnen, und bewirkt so, dass du dich glücklich fühlst. Belohnungen stimmen uns glücklich und spornen uns an, uns beim nächsten Mal wieder anzustrengen, weil es sich lohnt.«

Nachdem wir uns einen weiteren Tee eingeschenkt hatten, wollte ich wissen, ob damit die Vorbereitungsphase beendet sei.

»Nein, wir kommen zu einem weiteren wichtigen Teil. Das hört sich ja erst einmal alles gut an. Du siehst dich bereits im Ziel und hast einen tollen Plan, aber dann kommt immer das Leben dazwischen. Du bist jetzt hoch motiviert und glaubst auch daran, dein Ziel zu erreichen. Doch auf einmal stellt dir das Leben Hindernisse in den Weg, die alles erschweren. Das war in der Vergangenheit auch schon so. Sonst hättest du die guten Vorsätze schon vor Jahren erfolgreich in die Tat umgesetzt. Und weil das Leben so ist, werden wir jetzt im nächsten Schritt besprechen, wie du dich auf diese Situationen vorbereiten kannst. In der Erkenntnisphase haben wir deinen Erfolgscode entschlüsselt, aber auch die Saboteure. Jetzt geht es darum, wie du in den herausfordernden Situationen die Saboteure unschädlich machst, ihnen keine Macht gibst und gezielt deine Stärken und deinen Erfolgscode aktivierst.

Denk bitte darüber nach, welche drei Situationen dir das Leben besonders schwermachen könnten. Es sind immer äußere Reize oder Stimuli, die dafür sorgen, dass du dein Vorhaben nicht realisierst. Diese Reflexion soll dir helfen, die kritischen Situationen früh genug zu erkennen, dagegenzuarbeiten und der Versuchung zu widerstehen. Es dreht sich immer wieder um die zentrale Frage, wie deine Vorsätze zu einem zielgerichteten Verhalten und zum tatsächlichen Erreichen des Ziels führen. Das Problem des Nicht- Durchhaltens und Aufgebens der Pläne stellt sich vor allem bei langfristigen Zielsetzungen, die keine unmittelbaren Effekte mit sich bringen. Die Wenn-dann-Übung bezeichnet man in der Verhaltensforschung auch als ›Implementation Intentions‹.« Mit einem Wenn-dann-Plan verknüpfst du durch die mentale Vorbereitung eine bestimmte kritische Situation mit einem entsprechend gewünschten zielgerichteten Verhalten: Wenn x eintritt, werde ich Verhalten y zeigen – und das führt zu einem Automatisierungsprozess. Diese Übung hilft dir, trotz Ablenkung fokussiert zu bleiben. Außerdem ist diese Methode eine sehr nützliche Strategie, wenn man Verhalten und Emotionen erfolgreich selbst regulieren will.

Das, was du jetzt tust, ist eine mentale Vorbereitung. Viele Sportler sind deswegen so erfolgreich, weil sie mental trainieren. Dadurch, dass wir in Gedanken mögliche Situationen durchspielen, sind in deinem Gehirn schon erfolgversprechende Synapsen verknüpft. Konkret bedeutet das: Was könnte dich von deinem Lauftraining abhalten?«

»Ich könnte am Sonntagabend vergessen, die Woche zu planen, weil ich abends eine Einladung habe oder lieber vor dem Fernseher sitze. Es könnte in der Woche der Fall sein, dass ich mich zu müde fühle oder nicht direkt nach der Arbeit nach Hause fahre. Oder dass mich ein guter Freund oder ein Familienmitglied dringend braucht. Es könnte sein, dass ich mich erst einmal auf die Couch lege, wenn ich nach Hause komme, und dann einschlafe. Oder dass ich noch etwas für den Job erledigen muss und dann den Sport zurückstelle. Es könnte auch sein, dass es mir im Winter zu kalt oder zu glatt oder rutschig ist.«

»Gut, das sind ja schon einige Situationen, auf die du dich mental vorbereiten kannst. Jetzt ist es wichtig, dass du für diese Situationen einen Wenn-dann-Satz formulierst. Beispielsweise: ›Wenn es draußen schneit, dann gehe ich aufs Laufband im Fitnessstudio.‹

Liste am besten die Situationen untereinander auf.« Während Robe kurz den Raum verließ, dachte ich über die Situationen nach und schrieb mir meine Wenn-dann-Sätze auf.

Laufaktivitäten: Wenn-dann …

Wenn ich weiß, dass ich am Sonntagabend meine Laufaktivitäten nicht planen kann, dann mache ich das am Montagmorgen nach dem Frühstück.

Wenn ich merke, dass ich zu faul bin für die Planung, dann lese ich mir in meinem Heft durch, warum ich das für mich tun will. Ich sage mir laut mein Motto vor.

Wenn ich an dem geplanten Tag nicht kann, dann hole ich es am nächsten Tag nach. Deswegen plane ich immer drei Tage im Voraus und habe so einen Reservetag.

Wenn ich nach Hause komme, dann lege ich mich nicht auf die Couch, auch wenn ich müde bin. Ich laufe dann bewusst langsam, weil es ja um die 40 Minuten und nicht um Geschwindigkeit geht. Ich motiviere mich mit meinem Motto und belohne mich an den Tagen, an denen es mir besonders schwerfiel, mit einem wohltuenden Entspannungsbad.

Wenn ich Arbeit mit nach Hause genommen habe, sehe ich den Lauf als aktive Pause, um mit neuer Kraft ans Werk zu gehen.

Wenn es draußen glatt, kalt oder nass ist, dann gehe ich in ein nahe gelegenes Fitnessstudio, das bis Mitternacht geöffnet hat.

Wenn ich dienstlich in eine fremde Stadt muss, in der ich mich mit den Laufstrecken nicht auskenne, dann suche ich ein Hotel, das mit Laufband ausgestattet ist, oder mache mich vorher im Internet schlau, wo sich das nächste Fitnessstudio befindet.

Als Robe zurückkam, las ich ihm meine Gegenmaßnahmen vor.

»Das ist gut! Was fühlst du, wenn du sie liest?«

»Ich habe jetzt schon eine Strategie. Ich weiß jetzt schon, was ich als Gegenreiz setzen kann. Was ich in den schwachen Momenten denken muss.«

»Dasselbe machen wir jetzt für deine Tages- und Wochenplanung.«

Nach weiteren zehn Minuten hatte ich auch meine Liste für das berufliche Ziel.

Tages- und Wochenplanung: Wenn-dann ...

Wenn ich weiß, dass ich freitags meine Woche nicht planen kann, dann mache ich das schon donnerstags.

Wenn ich freitags vom Mittagessen komme, dann plane ich meine kommende Woche.

Wenn ich merke, dass ich zu faul bin für die Planung, dann lese ich mir in meinem Heft durch, warum ich das für mich tun will. Ich sage mir laut mein Motto »Gesagt-getan« vor.

Wenn ich morgens meine Tagesplanung nicht machen kann, dann mache ich sie nach dem Mittagessen.

Wenn ich abends meine Sachen zusammenpacke, dann streiche ich die Dinge durch, die ich erledigt habe, und übertrage die unerledigten auf den nächsten Tag.

Wenn etwas Unerwartetes meinen Plan total umschmeißt, dann priorisiere ich neu.

»Nachdem wir nun diesen wichtigen Baustein der Vorbereitungsphase erledigt haben, erkläre ich dir, wie du deine Talente gezielt zur Erreichung deiner Ziele einsetzen und wie du deinen Erfolgscode aktivieren kannst. Du kannst jederzeit auf alle deine Talente und Erfolge zugreifen, und niemand kann dich davon abhalten.

Überleg dir, welches Talent und welche Stärke du für die konkrete Umsetzung deines Ziels nutzen und wie du gezielt deinen Erfolgscode aktivieren kannst.«

Ich blätterte zurück an die Stelle, wo ich mir die Notizen zu meinem Erfolgscode aufgeschrieben hatte (s. Seite 130).

Nachdem ich mir das noch einmal durchgelesen hatte, sagte ich zu Robe: »Mir wird gerade klar, dass ich meine Fantasie als Talent gut nutzen kann, weil ich von mir weiß, dass mir immer etwas einfällt. Zudem muss ich mir jemanden suchen, mit dem ich eine Wette eingehe. Am besten einen, der mir das nicht zutraut. Im Büro wäre das mein Kollege, der schon so lange erfolgreich läuft. Ich könnte auch überlegen, dass ich mich mindestens für einen Lauf pro Woche mit ihm regelmäßig verabrede. Somit kann ich drei Fliegen mit einer Klappe schlagen: Ich kenne jemanden, der es schon geschafft hat, ich wette mit ihm, und ich tue es gemeinsam mit jemanden. Ich könnte zudem darüber nachdenken, ob ich an dem Firmenlauf nächsten Sommer teilnehme. Dann bin ich wieder im Training, bin fitter und finde eine Bühne für mein Ziel.«

»Das ist ja eine Vielzahl von Möglichkeiten, um deinen Erfolgscode zu aktivieren. Wenn du in Versuchung gerätst aufzugeben, kannst du auf all diese Faktoren zurückgreifen.«

»Was ist eigentlich, wenn ich erkältet bin? Muss ich dann um jeden Preis das mit dem Laufen durchziehen?«

»Auf keinen Fall. Das wäre schlecht für deine Gesundheit. Wichtig ist nur, dass du deinen Rhythmus wieder aufnimmst, wenn du wieder gesund bist. Dabei unterstützt dich am besten ein Ritual. Das wäre eben deine Planung am Sonntagabend.

Aber wie sieht es mit deinem beruflichen Ziel aus? Welche Talente wirst du dafür bewusst einsetzen, und wie willst du hier deinen Erfolgscode aktivieren?«

»Auch hier kann ich meine Kreativität einsetzen, aber auch meine Fähigkeit, humorvoll und menschenorientiert zu sein. Ich habe in vielen Fällen die Planung hintangestellt, um sofort für andere da zu sein. Jetzt aber bin ich noch menschenorientierter, weil sich durch meine gute Planung meine Kunden und Kollegen besser auf mich verlassen können. Es fällt mir auch immer eine gute Erklärung ein, wenn mich jemand bei der Planungsarbeit unterbrechen will. Meinen Erfolgscode kann ich aktivieren, indem ich mit jemandem eine Wette eingehe, dass ich es 21 Arbeitstage am Stück schaffe, meine Planung zu machen. Ich konzentriere mich in den Momenten, in denen ich keine Lust habe, darauf, dass ich es für andere tue. Ich habe einen Kollegen, der das jeden Morgen konsequent macht. Ich werde mich mit ihm darüber unterhalten. Was der kann, das kann ich auch!«

»Wie geht es dir jetzt, nachdem du über all diese Dinge nachgedacht hast?«

»Ich fühle mich besser, und ich bin schon viel zuversichtlicher, dass ich erreiche, was ich mir vorgenommen habe. Zeigen wird sich das in der Umsetzung.«

»Zuversicht ist enorm wichtig, weil sie den Glauben an dich und die erfolgreiche Umsetzung verstärkt. Wir sind damit weit weg von der Ich-versuch-es-Haltung. Du sagst ganz richtig, dass es sich letztendlich in der Umsetzung zeigt. Ein weiteres Geheimnis der Erfolgsmethode ist die Formel: Erkenntnis – Aktion – Rechenschaft.

In der Vorbereitungsphase ist es deine Aufgabe, dir jemanden zu suchen, um Rechenschaft abzulegen. Denn solange wir noch nicht stark genug sind, das nur gegenüber uns selbst zu tun, brauchen wir einen Erfolgspaten.«

»Ist das denn so wichtig?«, fragte ich irritiert.

»Ja, wenn du dich morgens auf die Waage stellst und eine Zahl siehst, die dir nicht gefällt, dann gibt es zwei Möglichkeiten: Entweder du ignorierst sie, oder du passt für ein paar Tage dein Essverhalten an. Das musst du aber aus eigener

Kraft heraus tun. Wenn du diese Kraft und Motivation noch nicht hast, brauchst du jemanden, der dir hilft. Stell dir vor, du müsstest dich in der kommenden Woche im Fitnessstudio bei deinem Trainer auf eine Waage stellen. Was löst das bei dir aus?«

»Es wäre mir peinlich. Das wäre für mich ein Grund, in dieser Woche auf meine Ernährung zu achten.«

»Siehst du! Für dein privates Vorhaben werde ich dein Erfolgspate sein. Für dein berufliches Vorhaben sollte es ein Kollege oder Freund sein. Überleg mal, wer dich bei dem Vorhaben der Tages- und Wochenplanung unterstützen kann. Es sollte jemand sein, den du kennst. Von der Familie würde ich niemanden nehmen, weil Familienmitglieder oft zu nachsichtig sind, wenn man eine Ausnahme machen will. Deinem Erfolgspaten wirst du einmal pro Woche Rechenschaft ablegen. Ich habe einige Manager, die mir einmal pro Woche Bauchumfang und Gewicht mitteilen. So merken wir gemeinsam, wenn sie geneigt sind, wieder zuzunehmen.«

Ich war froh, dass Robe bereit war, mein Erfolgspate zu sein. So blieben wir auf jeden Fall in Kontakt.

Für meinen guten Vorsatz im Job fiel mir spontan Isabell ein. Sie fände das sicherlich toll und war mir nahe genug, aber auch konsequent genug im Einfordern meines Ziels.

»Es gibt noch etwas, was du ergänzen kannst. Wie willst du dich in den Momenten besonders belohnen, in denen du dich selbst besiegt hast? Das sind die kleinen Siege im Alltag, die dich stetig selbstbewusster machen. Genau in diesen Augenblicken erfährst du, dass du es doch kannst. Dadurch wirst du auch den Glauben an dich und deine Stärken steigern. Genieß diese Augenblicke! Setz dich hin, schließ die

Augen, und nimm das gute Gefühl tief in dich auf. Es ist eine Leistung. Am besten zählst du leise bis 15. Am Ende des Lebens ist es nicht die Frage, wie viele Dinge du erlebt hast, sondern wie intensiv du die Dinge erlebt hast, die dein Leben ausgemacht haben. Wenn du einer Versuchung widerstanden hast, so genieße diese Situation bewusst. Nimm wahr, dass am Ende du es warst, der sich selbst besiegt hat. Das wird dein Selbstbewusstsein vor allem dann stärken, wenn du wahrnimmst, dass es kein Zufall war, sondern dass du es warst, der das entschieden hat. Am besten reservierst du dir in deinem Heft einige Seiten, auf denen du diese Momente schriftlich festhältst. So ist es auch mit der Liste deiner größten Erfolge. Lies sie immer wieder durch, und genieß sie. Durch die Achtsamkeit und das bewusste Genießen können die neuen Erfahrungen Einzug in dein Bewusstsein und somit in dein Leben halten. Durch diese Achtsamkeit und die tief empfundene Emotion können sich umso leichter neue Synapsen in unserem Gehirn verknüpfen. Andernfalls merkst du zwar, dass du dich selbst überwunden hast, aber deine inneren Botschaften sind vielleicht stärker als du und gaukeln dir vor, dass das ein Zufall oder eine Ausnahme war.

Du hast mir erzählt, dass du für deine tägliche Meditation ein Blatt mit Kreuzen gemacht hast. Dasselbe kannst du auch für deine beiden Vorsätze anlegen. Jedes Mal, wenn du dich selbst überwunden hast, obwohl du keine Lust hattest, dann nimmst du dein Blatt und machst ein Kreuz, und immer wenn du zehn Kreuze auf dem Blatt hast, dann belohnst du dich. Das muss nicht immer etwas Materielles sein. Das kann auch ein Entspannungsbad in der Wanne sein oder eine halbe Stunde nur für dich, in der du zum Beispiel deine Lieblingsmusik hörst. Hast du denn schon einen Erfolgspaten für diesen guten Vorsatz?«

»Ja, ich habe eine gute Freundin.«

»Gut, dann vereinbare mit ihr besonders in der Anfangszeit einmal wöchentlich einen Rechenschaftsbericht, telefonisch oder per Mail. Vereinbart auch eine Konsequenz, wenn du dich nicht meldest oder du dir Ausnahmen erlaubt hast. Es soll spielerisch sein und Spaß machen. Das kann eine Tafel Schokolade sein, eine Flasche Wein oder eine Einladung zum Essen.«

»Mit ihr könnte ich auch eine Wette abschließen – das motiviert mich. Ich könnte ihr auch meine Erfahrungen weitergeben, das ist auch ein Teil meines Erfolgscodes. Eine Meisterschaft gibt es da ja nicht, aber es mir selbst zu beweisen, dass ich gut plane, spornt mich zusätzlich an. Ich kann gut strukturieren. Somit kommt mein Talent zum Einsatz.«

Robe schaute zur Uhr. »Hast du noch Fragen?«

»Nein, das ist für mich alles sehr einleuchtend.«

»Um die Vorbereitungsphase abzuschließen, braucht es einen letzten wichtigen Schritt. Schreib in aller Ruhe deinen Entschluss für die beiden Vorsätze in dein Heft.«

Ich war etwas irritiert und sagte: »Ich habe die Ziele doch schon als bereits erreicht beschrieben – ist das nicht ausreichend?«

»Ich verstehe deine Frage. Stell dir vor, du willst auf den Malediven Urlaub machen. Du schaust dir im Internet Bilder und Filme an und stellst dir abends vor dem Einschlafen immer wieder vor, dass du an diesem tollen Strand liegst, spürst das warme Wasser und hörst, wie der Wind ganz leicht durch

169

die Blätter der Palmen streicht. Dann erlebst du dich im bereits erreichten Ziel. Doch bis dahin warst du noch nicht im Reisebüro und hast unterschrieben, dass du tatsächlich dein Geld für dieses Erlebnis investieren willst. Es fehlt noch der endgültige Entschluss. Wir können uns das alles gut vorstellen und freuen uns auf die Umsetzung. Jetzt braucht es einen Entschluss, bei dem es kein Zurück mehr gibt. Das Entscheidende dabei ist, dass du dich wohlfühlst und froh darüber bist, dass es kein Zurück mehr gibt. Dann weißt du, dass du es wirklich willst.«

Ich spürte die Kraft, die in diesem Augenblick von meinem Meister ausging. Er wusste, warum er mir das so eindringlich beschrieb. Das Geheimnis der Zielerreichung hatte wichtige Elemente, die erst dann ihre volle Wirkung entfalteten, wenn man alle Schritte durchlief.

»Es ist wichtig, dass du diesen Entschluss schriftlich formulierst. Es ist wie ein Vertrag, den du mit dir selbst abschließt. Du musst dich entscheiden. Du musst dich von einer Möglichkeit verabschieden. Du verabschiedest dich von der Möglichkeit, nicht zu laufen. Es gibt dann kein Zurück mehr. Du gehst Laufen. Man hat herausgefunden, dass man ab diesem Zeitpunkt sein Ziel abschirmt. Die Verhaltensforscher sprechen vom ›Goal Shielding‹. Wie du bisher feststellen konntest, sind die Geheimnisse der Zielerreichung von verschiedenen Variablen abhängig. Es gibt wissenschaftliche Untersuchungen, die belegen, dass allein das konkrete und ernst gemeinte Formulieren der Zielintention mit mehr als 30 Prozent zur Verhaltensänderung beiträgt. Es kommt bei der Ausarbeitung darauf an, dass du deinen Zielvertrag so konkret und individuell wie möglich formulierst. Je vager und diffuser er ist, umso geringer wird deine Chance der Umsetzung.

So, das war's für heute. Ich freue mich, wenn wir uns nächsten Samstag wiedersehen. Das wird dann unsere vorerst letzte Sitzung sein. Wir werden uns auf die Aktionsphase vorbereiten. Natürlich werden wir uns danach noch sehen und hören. Es ist mir eine Ehre, dich zu begleiten.«

»Die Ehre ist ganz auf meiner Seite«, erwiderte ich voller Stolz.

Zum Abschied gab mir Robe eine CD. »Ich habe mitbekommen, dass du auch gerne Jazz hörst. Hier ist eine gute Zusammenstellung. Ich denke, sie wird dir gefallen. Beim Nachdenken hilft es mir oft, mich mit guter Musik einzustimmen. Probier es einfach aus.«

Beschwingt ging ich durch das Gartentor zu meinem Wagen. Ich war wieder einen Schritt weiter.

Am Sonntag saß ich nach dem Frühstück im Wohnzimmer. Ich hatte die Jazz-CD eingelegt und lauschte der Musik – Klavier, Schlagzeug und Bass. Robe und ich hatten offensichtlich denselben Musikgeschmack. Das Gefühl, das diese Musik in mir auslöste, genoss ich sehr, und freute mich wirklich über dieses Geschenk. Ich durfte in der letzten Zeit so viel lernen und lebte mittlerweile viel bewusster und intensiver.

Bis jetzt war alles neu und sehr beeindruckend gewesen. Ich hatte schon einiges ausprobiert, aber jetzt wurde es konkret. Wollte ich wirklich, ehrlich mein Leben verändern? Das war die Frage. Mich so entscheiden, dass es kein Zurück mehr gab? Und dann mit allen Konsequenzen leben?

Ich hatte den letzten Abschnitt der Vorbereitungsphase erreicht. Ich stand kurz davor, einen Vertrag mit mir abzuschließen. Ich wollte zweimal in der Woche laufen und meine Tages- und Wochenplanung regelmäßig machen. Das machten Millionen Menschen auf der Welt. Es gab aber auch Millionen, denen es guttun würde, die es aber trotzdem nicht taten. Die es sich auch gar nicht mehr vornahmen.

Es waren die vielen Bestandteile, die das geheime Wissen ausmachten. Einige der Bausteine hatte ich bereits gekannt, aber es kam auf die Kombination an. Ich las noch einmal meine Aufzeichnungen und widmete mich zuerst dem privaten Vorsatz. Aus meinem Arbeitszimmer holte ich mir Papier, um Formulierungsvorschläge auszuarbeiten. Das war gar nicht so einfach. Wie schließt man einen Vertrag mit sich selbst?

Neben mir auf dem Boden lagen zusammengeknüllte Papierbogen. Mein Entschluss sollte unwiderruflich sein. Eine positive Absicht und ein positives Gefühl. Ich hatte so lange daran gefeilt, dass sich beim Lesen nun dieses Gefühl von Verpflichtung einstellte, das sich sehr gut anfühlte. Ich holte meinen Füller und begann in mein Heft zu schreiben.

Es ist der 15. Juni, und ich habe beschlossen, ab dem heutigen Tag für die Dauer eines Jahres jede Woche zweimal 40 Minuten zu laufen. Ich will es wirklich, wirklich, wirklich, weil ich erkannt habe, dass ich mich durch Sport körperlich besser fühle und auf diese Weise sehr gut Stress abbauen kann. Ich habe ein gutes Gefühl dabei, weil ich alleine für meinen Körper verantwortlich bin und weil mein Körper ein Geschenk ist. Ich glaube daran, dass ich es schaffe, weil ich meinen ganz persönlichen Erfolgscode aktiviere und viele andere Dinge in meinem Leben auch schon geschafft habe. Zudem habe ich mit der EVA-Methode ein tolles Rüstzeug an die Hand bekommen und erhalte Unterstützung.

Köln, den 15.06.

Ben Neumann

Dann legte ich das Heft zur Seite und bereitete mir einen frischen Kaffee zu. Diese Niederschrift war etwas Besonderes und löste ein Gefühl der Verpflichtung in mir aus.

Ja, es war Arbeit, und ja, es brauchte Zeit. Aber es war gut investierte Zeit in den wichtigsten Menschen der Welt: in mich selbst. Ich las es wieder und wieder. Ich hatte geschrieben, dass ich an mich selbst glaubte. Das war gut.

Ich war fest entschlossen, auch in anderen Lebensbereichen erfolgreich zu sein. Ich hatte verstanden, dass ich dafür innehalten musste. Aussteigen aus dem Alltagstrott, aussteigen aus dem Automatismus, um mir darüber klarzuwerden, was ich denke, fühle und tue. Zufrieden grinste ich in mich hinein.

Meine gute Stimmung wollte ich nutzen, sammelte die zerknüllten Blätter auf und hörte nochmals die CD an. Jetzt ging es um meinen beruflichen Vertrag. Schnell flossen mir diesmal die Worte aus der Feder:

Es ist der 15. Juni, und ich habe beschlossen, ab dem heutigen Tag für die Dauer eines Jahres meine Woche im Voraus zu planen. Ebenso will ich jeden Morgen, bevor ich mit der Büroarbeit beginne, meinen Tag geplant haben.

Ich will es wirklich, wirklich, wirklich, weil ich erkannt habe, dass ich mich durch eine gute und konsequente Planung besser organisiere. Ich denke auf diese Weise immer an die wichtigen Aufgaben, erledige sie auch wie versprochen und bin dadurch erfolgreicher.

Ich habe ein gutes Gefühl, weil ich oft wegen fehlender Planung an meine Grenzen gestoßen bin. Durch die Planung habe ich meinen Job besser im Griff. Ich glaube daran, dass ich es schaffe, weil ich meinen ganz persönlichen Erfolgscode aktiviere und viele andere Dinge in meinem Leben auch schon geschafft habe. Zudem habe ich eine tolle Methode an die Hand bekommen und erhalte Unterstützung.

Köln, den 15.06.

Ben Neumann

Ich legte das Heft auf den Tisch vor mir, drehte den Füller zu und genoss das Gefühl der Zufriedenheit. Ich hatte erneut einen Vertrag mit mir selbst geschlossen.

Genau in diesem Augenblick blinkte die Nummer von Isabell im Display meines Handys auf. Als hätte sie es gewusst.

»Hey, was machst du so? Hast du Lust auf eine Radtour?«

»Gute Idee. Ich bin voller Energie.«.

»Ich bin um 14 Uhr bei dir – passt das?«

»Ja, ich freu mich.«

Wir fuhren in langsamem Tempo am Rhein nebeneinanderher, und ich schwärmte Isabell von den Geheimnissen und meinem Meister vor.

*Wenn aus Worten
Taten werden, dann wird
aus Wissen Weisheit.*

13

Die Aktionsphase

Die nächste Woche verlief unspektakulär. Ich war hoch motiviert, machte meine Planung und ging Laufen. Ich freute mich auf die nächste Stunde mit meinem Meister.

Und da war es auch schon wieder Samstag. Mit meinem Heft in der Hand stand ich pünktlich um 17 Uhr vor seiner Tür und klingelte. Ich hatte in einem Kölner Teeladen einen besonders guten Tee eingekauft, den ich ihm bei meiner Ankunft überreichte.

Robe bedankte sich herzlich und fragte sofort: »Na, wie hat dir die Musik gefallen?«

»Sie hat mich beflügelt; wir haben denselben Geschmack!«

Wir lachten beide, als wir das Wohnzimmer betraten. Es war alles schon so vertraut, und ich war ein bisschen wehmütig, weil ich wusste, dass unser heutiges Treffen das vorerst letzte sein würde. Danach wurde ich endgültig in die freie

Wildbahn entlassen. Mit einer Tasse Tee in der Hand nahm ich im gewohnten Sessel Platz und wartete gespannt.

»Jetzt bereite ich dich auf die Aktionsphase vor. Doch bevor wir das machen, möchte ich, dass du mir deinen Vertrag vorliest.«

Nachdem ich meine Zeilen vorgelesen hatte, ließ Robe das Ganze auf sich wirken. »Lies noch einmal!«, forderte er mich mit geschlossenen Augen auf und hörte konzentriert zu. »Das fühlt sich gut an! Wie fühlst du dich beim Lesen?«.

»Ich fühle mich super. Es löst in mir ein Gefühl von Verbindlichkeit aus«, antwortete ich selbstbewusst.

»Genau das soll es auch!«

Auch bei meinem zweiten Vertrag stellte sich dieses sichere, gute Gefühl sofort wieder ein.

»Ich glaube, du brauchst mich nicht mehr. Deine Verträge sind genau richtig für dich.«

»Ich spürte, wie ein Gefühl von Stolz in mir aufstieg. Wir lachten uns beide an. Es tat gut, einen wohlwollenden und fürsorglichen Menschen an seiner Seite zu haben, der einen unterstützte, verstand und nicht bewertete.

»So, wenn du es jetzt offensichtlich wirklich, wirklich, wirklich willst, dann können wir uns mit der Aktionsphase beschäftigen. Erst jetzt ist der richtige Zeitpunkt. Du verstehst nun, warum so viele Leute scheitern, weil sie ohne Erkenntnis und ohne Vorbereitung sofort in die Aktionsphase stolpern. Das war eine sehr wichtige Arbeit, die du bisher geleistet hast!«

»Ja, ich fühle mich auch tatsächlich gut vorbereitet.«

»Also, dann fangen wir an. Ich nenne dir jetzt die **fünf Punkte**, die du in dieser Phase beachten wirst. Schreib sie am besten mit.

Es geht damit los, dass du dich täglich an deine Ziele erinnerst. Bei diesem **ersten Punkt** ist es wichtig, dass du auch hier keinen Tag auslässt, weil das neue Verhalten noch nicht automatisch abläuft. Du hast es dir noch nicht wie das Zähneputzen zur Gewohnheit gemacht.

Also, nimm dir Zeit nachzudenken. Fixier deine Ziele schriftlich, erinner dich täglich, und sei so lange diszipliniert, bis du sie dir zur Gewohnheit gemacht hast.

Am besten hängst du es an eine bestehende Routine an. Du hast viele Dinge, die du tagsüber automatisch tust. Überleg einmal, was das sein könnte.«

»Wieso muss ich mich täglich ans Laufen erinnern, wenn ich nur dienstags und donnerstags gehe?«

»Weil es nur so zum Automatismus wird – durch tägliches Erinnern.«

»Okay, also, am besten erinnere ich mich morgens. Jetzt ist die Frage, was ich morgens immer mache. Ich verlasse nie das Haus, bevor ich nicht eine Tasse Kaffee getrunken und ein Brot gegessen habe. Dann verbinde ich es am besten mit dieser Routine. Ich denke, ich lege mein Heft in die Küche neben die Kaffeemaschine, und während ich meinen Kaffee trinke, lese ich in Ruhe meine Ziele durch. Das kann ich auch im Flieger, im Zug oder im Hotel tun.«

»Ja, diese Routine leuchtet ein und wird es dir erleichtern, dich täglich daran zu erinnern. Im Idealfall meditierst du dazu drei Minuten. Du liest dir deinen Vertrag durch, danach deine Formulierung, in der du gefühlt dein Ziel bereits erreicht hast. Dann schließt du die Augen und stellst dir diesen Zustand vor. Das sollte reichen.«

»Ich meditiere mittlerweile jeden Morgen.«

»Dann kannst du dir auch nach deiner Meditation für eine kurze Zeit dein Zielbild und Zielgefühl vor dein geistiges Auge holen. Ich mache das jeden Morgen: Erst meditiere ich, komme zur Ruhe, und danach nehme ich mit meinem Zielgefühl Kontakt auf.

Ich sehe mich in meinem Ziel und genieße es, dort angekommen zu sein.«

Das hörte sich gut an. Das wollte ich gleich morgen ausprobieren.

»Wichtig ist, dass du jetzt entscheidest, an welche Routine du die Erinnerung an deine Ziele anhängen willst.«

»Ich glaube wirklich, die Idee mit meiner ersten Tasse Kaffee ist gut. Das mache ich.«

»Gut, dann hast du eine Entscheidung getroffen. Was hast du freitags für eine Routine, an die du die Planung für die Woche anhängen kannst?«

»Als letzten Arbeitsschritt räume ich täglich meinen Schreibtisch auf, weil wir nichts darauf liegen lassen dürfen. An diesen Routinevorgang hänge ich die Erinnerung an.«

»Und deine Planung für das Laufen hängst du am besten sonntags auch an eine Routine.«

»Sonntagabends schaue ich meistens fern. An diese Routine könnte ich es anknüpfen, also bevor der Film beginnt. Ich kann aber auch meine Laufplanung mit der Wochenplanung am Freitag verbinden.«

»Das liegt an dir. Wichtig ist, dass du dich täglich an deine Ziele erinnerst und dass du den Moment der Planung mit einer anderen Routine verbindest. So hast du eine Sache, die schon automatisch läuft, mit deinem neuen Verhalten verbunden.

Der **zweite Punkt**, den du in der Aktionsphase beherzigen solltest, ist die Konzentration auf das Verhalten und nicht so sehr die Konzentration auf das Ergebnis. Der entscheidende Faktor ist dein Verhalten. Nur das bringt dich zum Ziel. Es wird Tage geben, wo du nicht den gewünschten Effekt erzielst. Wenn du deine Tagesplanung machst und dann das Leben dazwischenkommt und an diesem Tag nichts mehr funktioniert, dann war nicht deine Planung schlecht, sondern der Tag kam dazwischen. Das tägliche Verhalten bringt dich zur Routine und nicht die Ergebnisse. Die stellen sich dann auf jeden Fall ein. Viele Menschen lassen sich zu schnell entmutigen, weil sie sich zu sehr auf die Ergebnisse fokussieren. Die Kunst besteht darin, sich auf das Verhalten zu konzentrieren, denn das bringt dich ans Ziel. Wo deine Konzentration ist, da ist auch deine Energie. Wenn also dein Verhalten der Erfolgsfaktor ist, dann konzentriere dich darauf, denn damit ist deine Energie auf den wichtigsten Punkt gelenkt. Ebenso wichtig ist, dass du aufmerksam und achtsam bleibst. Du willst aus deinem alten Automatismus aussteigen. Das Training in der Vorbereitungsphase hatte das Ziel, dass du dir der Situationen bewusst wirst, in denen sich Dinge verselbständigen. Dein guter Vorsatz wird immer eine Frage der Entscheidung bleiben: Geh ich laufen oder nicht. Mach ich meine Planung oder nicht.«

Das stimmte. In der Vergangenheit hatte ich nur reagiert: wütend oder enttäuscht. Mittlerweile hatte ich gelernt, interessierter Beobachter dessen zu sein, was sich in mir abspielte, wenn ein Reiz drohte, mich abzulenken.

»Der **dritte Punkt** ist die Dokumentation. Schreib am besten jeden Abend einen kurzen Eintrag in dein Tagebuch.

Das tägliche Dokumentieren sorgt dafür, dass du fokussiert bleibst.

Am Ende eines jeden Tages stelle ich mir gewöhnlich die Frage, womit mich das Leben heute konfrontiert hat, damit ich wachsen durfte. Immer wieder lese ich mir dann meine Eintragungen durch und nehme bewusst wahr, was ich lernen durfte. Sowohl die Dinge, die gut geklappt haben, als auch die, die nicht so gut liefen. Durch den Eintrag vertieft sich die Erfahrung. Das ist auch eine Motivationsverstärkung, vor allem in Momenten, in denen du keine Lust hast.«

»Ich könnte auch jeden Morgen beim Frühstück einen Rückblick auf den letzten Tag machen.«

»Klar, das geht auch. Wichtig ist, dass du es kurz schriftlich fixierst. Das wird uns helfen, wenn wir uns noch einmal sehen, um über die kritischen Momente zu reden, die dich besonders herausgefordert haben. Jeder Tag birgt die Chance zu wachsen. Jeder Augenblick, der dir eine Entscheidung abverlangt, ist eine Herausforderung.

Und damit sind wir schon beim **vierten Punkt**. Hier geht es darum, dass du einen Schritt zur Seite trittst, wenn du gestolpert bist, und dass du dich belohnst, wenn du erfolgreich warst. Es wird Situationen geben, in denen du deinen guten Vorsatz nicht umsetzen kannst. Das ist nicht tragisch. Sei froh darüber, denn du kannst daraus lernen, wo du dich selbst blockierst. Mit jeder Situation, die andere als Scheitern bezeichnen, lernst du dazu, um es in Zukunft anders zu machen, noch besser vorbereitet zu sein und noch achtsamer zu werden. Das ist der Grund, warum du die Erkenntnis aus der Lektion schriftlich festhalten solltest. Denk immer: ›Gut, dass es passiert ist‹, dann tritt einen Schritt zurück, betrachte die Situation, und pass dein Verhalten an. Das kann auch bedeuten, dass du dein Ziel anpassen musst. Es gibt nämlich auch Menschen, die sich zu viel vornehmen. Jeder muss für sich die Balance zwischen Herausforderung und Realität finden. Sonst läuft man Gefahr, dass man zu früh aufgibt. Ich erlebe sehr oft, dass sich Menschen aus einer hohen Motivation im Augenblick zu viel vornehmen und dann frustriert sind, weil sie nicht durchhalten. Ich rate: besser langsam anfangen und dann moderat steigern.

Wenn du gestolpert bist, dann hilft es, sich die eigene Liste der Erfolge durchzulesen. Das gibt einen zusätzlichen Motivationsschub. Es hilft uns, trotz dieser negativen und frustrierenden Erfahrung den Glauben an uns selbst aufrechtzuerhalten.

Du hattest bei deiner Meditationseinheit eine Liste mit Kreuzen geführt; mach weiter so und belohn dich. Schau darauf und sei stolz, dass du es bist, der das erreicht hat. Das steigert deine Motivation, weiter dranzubleiben. Jedes Mal, wenn wir bewusst genießen, dass wir etwas getan haben, zu dem wir anfänglich keine Lust hatten, steigern wir den Glauben an uns selbst. Die Belohnung ist eine Kombination aus Achtsamkeit und Genuss.

Der **fünfte Punkt** in der Aktionsphase ist die Zusammenarbeit mit deinem Erfolgspaten. Damit ermöglichst du den erfolgreichen Dreiklang von Erkenntnis, Aktion und Rechenschaft. Jetzt geht es also in die Aktion. Jetzt wirst du erleben, in welchen Bereichen es schwierig ist und wo du stolperst. Einige erreichen ihr Ziel ohne Hilfe eines Erfolgspaten. Die überwiegende Mehrheit aber fällt hin, bleibt liegen, und keiner merkt's. Für deine Laufaktivitäten werde ich dein Erfolgspate sein. Du wirst mir ab kommenden Montag immer einmal pro Woche eine Mail oder SMS schicken, um mir mitzuteilen, wann du deine zwei Läufe geplant hast. Am Montag darauf teilst du mir mit, ob du zweimal gelaufen bist und wie dein Plan für die kommende Woche aussieht. So kann ich schnell gegensteuern, wenn du deine Ziele aus den Augen verloren hast. Der Erfolgspate hat nur einen Auftrag: Er darf keine Ausreden akzeptieren. Er hilft dir dabei, wieder darüber nachzudenken, warum du das alles machen wolltest. Du kannst dir auch eine Konsequenz überlegen für den Fall, dass du nicht beim Laufen warst. Ich mache mit meinen Schülern oft aus, dass ich dann eine Flasche Rotwein bekomme. Das motiviert auch den Erfolgspaten«, sagte Robe grinsend.

Ich konnte mir gut vorstellen, dass sich diverse Rotweinflaschen in seinem Keller angesammelt hatten.

»Zum Abschluss möchte ich, dass du dir in deinem Heft ein Zitat von Albert Einstein notierst: *Information ist kein Wissen. Die einzige Quelle des Wissens ist die Erfahrung. Durch die Erfahrung allein wird Wissen lebendig und sinnvoll. Sonst bleibt es eben nur Information.«*

Das war ein starkes Zitat.

»Die Einweihung in die Geheimnisse des Erfolgs ist hiermit beendet. Jetzt liegt es an dir, die nächsten Schritte zu gehen. Du warst in den vergangenen Wochen schon sehr erfolgreich. Wende jetzt das geheime Wissen an, und mache Lebenswissen daraus. Wir bleiben durch deine Montagsmeldung in Kontakt. Du wirst merken, wann es an der Zeit ist, dass wir uns wieder treffen. Schick mir eine Mail oder ruf an, wenn du Fragen hast oder nicht weiterweißt. Ich habe einen größeren Auftrag erhalten und bin die nächsten zwei Monate viel unterwegs.«

Der Abschied fiel mir schwer. Ich hatte mich schon so an unsere Treffen und das gemeinsame Teetrinken gewöhnt. Das sollte jetzt plötzlich vorbei sein?

Robe merkte, dass ich traurig war, und sagte: »Wir bleiben in Kontakt, und ich werde dich so lange begleiten, bis du bereit bist, dir selbst gegenüber Rechenschaft abzulegen. Dann wünsche ich mir, dass du dein Wissen an andere Menschen weitergibst. Achte jedoch darauf, dass es Menschen sind, die das auch wollen. Du wirst das daran erkennen, dass sie sich auf den Eingangstest ernsthaft einlassen. Du bist einer von denen, die den unbedingten Willen hatten. Du hast nie aufgegeben. Du hast die Vorgaben eingehalten, du hast deine Aufzeichnungen gemacht, und du bist immer pünktlich zu unseren Treffen erschienen. Das ist die Grundvoraussetzung. Stolpern ist keine Schande. Es war absolut in Ordnung, dass du die 21-Tage-Übung erst beim zweiten Anlauf geschafft hast. Du warst ehrlich, und du hast es erneut versucht. Viele geben da schon auf. Ich bin sehr zuversichtlich, dass das alles gut für dich wird.«

Robe erhob sich und ging, ohne etwas zu sagen, in das andere Zimmer. Er kam zurück und überreichte mir einen weißen Kaffeebecher: »Damit es dir morgens leichter fällt, bei der ersten Tasse Kaffee an deine Vorsätze zu denken.« In goldener Schrift stand dort: *Ist der Schüler bereit, dann ist der Meister nicht fern.*

Ich merkte, wie ich vor Freude ganz rot wurde. »Hast du diese Tasse extra für mich machen lassen?«

»Ja, natürlich! Es war mir eine Ehre und Freude zugleich. Hier sind auch noch zwei Hefte für dich, damit du deine Aufzeichnungen fortführen kannst.«

Wir standen uns gegenüber und schauten uns in die Augen. Sein Lächeln war ansteckend.

»Danke für alles! Du hast mein Leben verändert!«

»Du veränderst dein Leben. Der Meister kann nur die Tür öffnen, der Schüler muss selbst hindurchgehen. Den Schlüssel hatte ich. Ich habe ihn auch von meinem Meister erhalten. Den ersten Schritt bist du schon gegangen. Bleib jetzt auf deinem Weg, und geh voran. Du bist nicht allein.«

Seine Worte taten mir gut. Ich nickte nur, weil mir in diesem Augenblick die passenden Worte fehlten.

EPILOG
Im Alltag angekommen

Robe begleitete mich zur Tür und blieb im Eingang stehen, bis ich das Gartentor geschlossen hatte. Ich winkte noch einmal und rief laut: »Danke!« Ich ging zu meinem Auto und saß noch eine ganze Weile hinter dem Steuer, ohne loszufahren. Es war ein so schöner Moment, dass ich ihn möglichst lange genießen wollte, deshalb fuhr ich nicht direkt nach Hause, sondern nach Köln ans Rheinufer. Dort saß ich noch lange auf einer Parkbank, spazierte dann am Rhein entlang und dachte nach.

Ich wollte meinem Leben eine Wende geben, selbstbestimmt handeln, aus dem Automatismus und dem tagtäglichen Rhythmus der Gedankenlosigkeit ausbrechen. Ich war aufgewacht, und das war anstrengend. Immer auf Sendung und immer wacher Beobachter sein. Klar, es gab genügend Momente, in denen ich automatisch reagierte. Aber in Zukunft wollte ich in wichtigen Situationen das tun, was mich nach vorne brachte. Mich nicht mehr von meinem Ziel ablenken lassen. Ich war stark und wollte mein Selbstbewusstsein weiter stärken. Sicherlich hatte ich jetzt die Gelegenheit, an den vergleichbar kleinen Aufgaben zu erleben, dass ich noch viel mehr konnte, wenn ich wollte. War das vielleicht nur die erste Lektion von vielen?

Aber wie hatte mein Meister damals bei unserem ersten Treffen gesagt: »Das ist dein erster wichtiger Schritt in ein selbstbestimmtes Leben.«

Ich dachte an das Erfolgsbuch *Denke nach und werde reich* von Napoleon Hill. Ich wollte es noch einmal in die Hand nehmen, wenn ich nach Hause kam. Der Autor hatte viele erfolgreiche Leute befragt und dann all sein Wissen in dem Buch niedergeschrieben. Ich hatte die Informationen, hatte aber nichts daraus gemacht. Das könnte in der Tat mein nächster Schritt sein: die Dinge konsequent umsetzen.

Doch einen Schritt nach dem anderen. Jetzt galt es, sich die beiden Vorsätze privat und beruflich zur Gewohnheit zu machen. Ich ging in Ruhe zu meinem Wagen zurück und fuhr nach Hause.

Mit einem Glas Rotwein in der Hand stand ich vor meinem Bücherregal und suchte das Buch, das vor langer Zeit erschienen war. Napoleon Hill hatte es bereits 1937 geschrieben. Es war weltweit Millionen Mal verkauft worden. Ich blätterte im Inhaltsverzeichnis und las noch einmal die dort beschriebenen Schritte zum Erreichen eines finanziellen Zieles durch. Viele Tipps erkannte ich wieder, aber was ich von meinem Meister gelernt hatte, ging noch ein Stück weiter. Die Grundzüge sind bekannt, aber offensichtlich mussten sie weiterentwickelt werden. Ich war auf dem richtigen Weg. Jetzt machte ich aus Informationen Wissen.

Ich legte die Jazz-CD ein, die ich von Robe bekommen hatte, und fing an zu träumen. Was würde ich wohl aus meinem

Leben machen, wenn mir noch mehr Dinge gelingen würden? Würde ich mich auch selbständig machen? Ich hätte so eine große Lust, andere Menschen wachzurütteln und ihnen das geheime Wissen weiterzugeben. Als Täter war das Leben besser. Immer seltener ertappte ich mich beim Jammern. Ich hatte die Seiten gewechselt. Und ich war so froh darüber!

Es wurde dann doch noch sehr spät an diesem Abend. Ich schmökerte noch in anderen Büchern. Ich war absolut zuversichtlich, dass mein Leben besser werden würde. Obwohl es schon spät war, verspürte ich den Wunsch, einen Dankesbrief an Robe zu schreiben. Ich nahm ein Blatt Papier, meinen Füller und schrieb:

Lieber Robe,

ich möchte auf diesem Wege noch einmal Danke sagen. Danke für die Möglichkeit zu lernen und Danke auch für die Zeit und die fordernde und fördernde Begleitung. Ich bin froh, dass du mich auch weiterhin unterstützen wirst. Und ich habe verstanden, dass es keine Zufälle gibt, sondern dass einem zufällt, was fällig ist. Liebe Grüße, Ben

Ich adressierte einen Umschlag und ging schlafen.

Am Sonntagmorgen wurde mir beim Frühstück bewusst, dass es jetzt richtig losging. Jetzt lag es an mir, die Dinge umzusetzen.

Mit Robe hatte ich vereinbart, dass ich montagsmorgens meine Statusmeldung durchgeben würde. Mit Isabell musste ich noch klären, wann ich ihr Rechenschaft ablegen sollte. Tja, und wenn ich versagte, würde ich sie zum Essen einladen.

Ich nahm das neue weiße Heft, das ich von Robe bekommen hatte. Es jetzt zu beschriften fühlte sich sehr bedeutsam an. Der offizielle Startschuss.

Die ersten Seiten wollte ich mit den Informationen füllen, die ich jeden Morgen durchlesen würde und die mich täglich auf meine guten Vorsätze einstimmen würden.

Auf den Heftdeckel schrieb ich mit Füller meinen Namen. Ich schlug das Heft auf und notierte auf der Innenseite drei Zitate, die mich ansprachen:

Ich bin der Kapitän meiner Seele, ich bin der Herr meines Schicksals.

Wo deine Gedanken sind, da ist deine Energie!

Ich habe die Freiheit, jeder Situation die Bedeutung zu geben, die ich will.

Auf dem ersten Blatt zeichnete ich untereinander zwei Rechtecke ein, in die ich meine Zielbilder kleben wollte – das Bild von Rocky und das Bild von dem lachenden Jungen. Neben die Rechtecke schrieb ich schon einmal den entsprechenden Slogan.

Ich will, ich kann, ich glaube daran!!!

Gesagt, getan!

Auf die folgenden Seiten trug ich zu meinem ersten Ziel je auf einer Seite folgende Erkenntnisse ein:

Liste der Dinge, die ich in meinem Leben schon erreicht habe

Mein ganz persönlicher Erfolgscode

Das Ziel als bereits erreicht beschreiben

Der Vertrag mit mir selbst

Der Plan mit Meilensteinen und Belohnungen
Die Wenn-dann-Sätze für mein Zielvorhaben

Nachdem ich die Formulierungen aus meinen Notizen übertragen hatte, las ich sie noch einmal andächtig durch. Schon nach ein paar Minuten war ich sehr motiviert, und ich konnte mir bestens vorstellen, dass ich mein Ziel im Fokus behielt, wenn ich diese Zeilen jeden Morgen kurz durchlas. Das gleiche Prozedere wendete ich dann für mein berufliches Ziel an. Auf den restlichen Seiten hatte ich Platz für meine Notizen. Ich druckte mir die Bilder von Rocky und dem lachenden Jungen aus und klebte sie in mein Heft. In freudiger Erwartung blätterte ich das Heft durch und legte es dann vor mir auf den Tisch. Ich war zufrieden und bestens vorbereitet. Diese Zeit hatte ich gerne investiert. Damit konnte ich jetzt jeden Morgen arbeiten.

Am Nachmittag besuchte mich Isabell wie verabredet, und um drei Uhr saßen wir in meinem Wohnzimmer bei Kaffee und Kuchen.

»Erzähl, und vor allem zeig mir, was du alles aufgeschrieben hast.« Ohne Luft zu holen, sprach sie weiter: »Und wehe, du machst dich noch einmal über meine Glückskekse lustig!«

Ich musste schmunzeln. »Ich habe einen Überfall auf dich vor! Du darfst meine Erfolgspatin werden.«

»Was ist das denn?«

»Ich brauche dich zur Unterstützung bei meinem beruflichen Vorsatz. Ich habe mir vorgenommen, jeden Morgen vor Arbeitsbeginn meinen Tag zu planen, und freitags will ich das immer schon für die kommende Woche tun. Ein Bestandteil des geheimen Wissens ist, dass man mit einem

Erfolgspaten arbeitet. Dem Erfolgspaten legt man einmal pro Woche Rechenschaft ab, so lange, bis man diese Hilfe nicht mehr braucht. Der Erfolgspate merkt sofort, wenn man nicht mehr das tut, was man sich vorgenommen hat, und kann einem dann helfen, an dem guten Vorsatz festzuhalten.«

»So einen Erfolgspaten hätte ich damals auch gebraucht, als ich die zehn Kilo abgenommen hatte. Mittlerweile wiege ich wieder zwölf Kilo mehr. Warum hast du mich nicht darauf hingewiesen?«, sagte Isabell fast vorwurfsvoll.

»Klar, mir ist das aufgefallen, aber ich wusste nicht, ob ich dazu etwas sagen darf. Ich wollte dich doch nicht beleidigen«, meinte ich zu meiner Verteidigung. »Wenn man vorher eine Vereinbarung getroffen hat und das einfordert, dann kann der Erfolgspate auch helfen. Schade, dass wir das nicht schon früher gewusst haben.«

»Was ist meine Aufgabe?«, wollte Isabell wissen.

»Ich melde dir ab morgen für den Zeitraum von 21 Arbeitstagen jeden Tag, dass ich meine Tagesplanung gemacht habe, und freitags melde ich dir, dass ich meine Wochenplanung gemacht habe, bevor ich das Büro verlasse. Wenn ich das in den 21 Tagen auch nur ein einziges Mal vergesse, dann lade ich dich zum Essen ein. Außerdem beginnen dann die 21 Tage wieder von vorne.«

»Dann werden wir aber oft essen gehen!«, sagte Isabell und stieß mich lachend mit dem Ellenbogen an. »Warum gerade 21 Tage?«

»Damit lerne ich, eine neue Verhaltensweise diszipliniert einzuüben. Damit erhöhe ich die Chance, dass sich daraus eine Routine entwickelt.«

»Was ist dann nach diesem Zeitraum?

»Wenn die 21 Tage vorbei sind, melde ich dir immer freitags, dass ich die Woche geplant habe, und gebe dir einen Überblick über meine Aktivitäten in der Woche im Zusammenhang mit der Tagesplanung.«

»Und was muss ich dann machen?«

»Wenn ich keine Meldung abgebe, dann hilfst du mir, indem du nachfragst, warum ich dir keine Meldung gemacht habe.«

»Wenn dir das hilft, dann mache ich das gerne. Am besten schickst du mir eine SMS – das klappt bei mir am besten.«

»Du bist echt ein Schatz.«

»Es ist mir eine besondere Ehre. Schließlich habe ich mit den Glückskeksen alles irgendwie ins Rollen gebracht. Wenn ich sehe, dass das bei dir funktioniert, dann hoffe ich, dass du mir die Methode erklärst, und dann wirst du mein Erfolgspate.«

»Genau das habe ich meinem Meister versprochen. Ich will mein Wissen gerne weitergeben. Zu Beginn musst du aber den Eingangstest bestehen.« Dabei grinste ich sie an.

»Können wir da keine Ausnahme machen?«

»Nein, meine Liebe, es gibt keine Ausnahme. Das hat alles seinen Sinn! Du sagst mir einfach Bescheid, wann du mit der Meditationsübung anfangen willst, und ab diesem Zeitpunkt unterstütze ich dich und weise dich ein. Der Anstoß muss aber von dir kommen.«

»Nächste Woche kann ich nicht damit anfangen, weil ich zweimal morgens ganz früh aufstehen muss.«

»Ist schon okay. Sag einfach Bescheid. Wichtig ist, dass du bereit bist für diese Erfahrung und dass du den Willen hast, es auch durchzuhalten.« Isabell nickte und lenkte unser Gespräch auf andere Themen. Gegen 20 Uhr verabschiedeten wir uns, weil Isabell noch eine Verabredung hatte. Ich nutzte die Zeit bis zum *Tatort*, um meine beiden Läufe für die nächste Woche zu planen. Ich entschied mich für Dienstag und Donnerstag. Der Ausweichtag war der Freitag.

Am Montagmorgen saß ich mit meiner neuen Tasse beim Frühstück, las die Seiten in meinem Heft durch und schrieb Robe eine SMS.

Dienstag und Donnerstag laufen LG

Kurze Zeit später kam eine SMS zurück.

Jetzt geht's los. Super!

Ja, jetzt ging es endlich los. Jetzt wollte ich diese Routinen nach und nach aufbauen.

Und heute war der Startschuss gefallen. Bevor ich im Büro loslegte, ergänzte ich noch ein paar Punkte in meinem Wochenplan und plante in Ruhe den Montag. Ich merkte, dass ich schon wieder geneigt war, mir für den Montag viel zu viel vorzunehmen. Nachdem ich mir meine To-dos angeschaut hatte, fing ich an, Aufgaben zu streichen. War das realistisch? Nein, war die ehrliche Antwort. Ich nahm mir für den Montag drei Dinge vor, die ich erledigen wollte. Danach nahm ich mein Handy und schickte Isabell eine SMS: *Tagesplanung erledigt!* ☺

Kurze Zeit später kam die Antwort:

Du machst ja echt ernst mit dem guten Vorsatz! Respekt!

Und wieder dauerte das Montagsmeeting länger, und ich kam nur dazu, zwei Sachen zu erledigen. Jahrelang hatte ich mir immer so viel für einen einzigen Tag vorgenommen. Hatte der Trainer auf dem Selbstmanagement-Seminar nicht auch gesagt, dass sich die meisten Manager für den Montag oft mehr vornehmen, als sie in der ganzen Woche überhaupt bewältigen können?

Am Dienstag hatte ich richtig Lust zu laufen. Es war viel zu tun gewesen, und ich freute mich auf den gesunden Stressabbau. Auch am Donnerstag war ich sehr motiviert. War das die sogenannte Anfangseuphorie? Jeden Morgen hatte ich in dieser Woche die SMS an Isabell geschickt. Jeden Morgen hatte ich beim Frühstück das Heft zur Hand genommen und meine Ziele durchgelesen. Bevor ich abends das Büro verließ, nahm ich mein Heft und machte mir kurze Notizen, was ich an diesem Tag hatte lernen dürfen. Auch am Freitagmorgen schickte ich meine SMS an Isabell und bekam eine nette Antwort:

Wann gewinne ich denn mein Essen?

Gegen 14 Uhr schaute Uwe zur Tür herein und fragte: »Kommst du nicht zum Umtrunk? Klaus hat Geburtstag?« Ich ließ alles stehen und liegen und ging gleich mit. Klaus hatte in seinem Büro Kaffee und Kuchen und etwas zum Knabbern aufgetischt. Zur Begrüßung erhielt jeder einen Sekt. Die Kollegen standen bis in den Flur. Klaus wurde heute 50 Jahre alt. Er sah für sein Alter noch recht fit aus. Tja, er machte auch seit Jahren regelmäßig Sport. Das spornte mich zusätzlich an, an meinem guten Vorsatz im privaten Bereich festzuhalten. Im Laufe des Nachmittags kam ich mit ihm ins Gespräch. Stolz erzählte ich ihm von meinem guten Vorsatz mit dem Laufen. Er bekräftigte mich sehr darin: »Das braucht eine gewisse Zeit, bis man sich das zur Routine gemacht hat, aber dann ist einem das so in Fleisch und Blut übergegangen, dass man es nicht mehr missen will. Wann laufen wir wieder in der Mittagspause?«

Ich dachte kurz über die nächste Woche nach und sagte: »Am Mittwoch klappt es bei mir.«

»Abgemacht, lass uns auf deinen guten Vorsatz anstoßen.« Er kam mit zwei Gläsern Orangensaft zurück, und wir lachten uns zu.

An diesem Tag sprach ich mit keinem weiteren Kollegen über mein Vorhaben. Ich hatte erst begonnen, und es wäre mir peinlich, wenn zu viele davon wüssten. Gegen 16 Uhr ging ich zurück in mein Büro. Ich war schon dabei, meinen Schreibtisch leer zu räumen, als mir einfiel, dass ich noch nicht die neue Woche geplant hatte. Und schon ging das Verhandeln los: Kannst du auch am Montagmorgen machen. Habe jetzt keine Lust dazu. Draußen scheint die Sonne, und jetzt fahr in die Eisdiele und genieß das Leben … Ich nahm mein Heft und las mir die Wenn-dann-Sätze durch. Das half mir in diesem Augenblick sehr, und so setzte ich mich sofort hin, auch wenn ich nicht besonders viel Lust dazu hatte, und machte meinen Plan für die kommende Woche. Den Ordner, in den ich die Wochenpläne einheften wollte, hatte ich mir bereits am Montag besorgt und beschriftet. Das gehörte zu meinem Zielbild, das ich mir jeden Morgen durchlas. Stolz nahm ich den Ordner und heftete den ersten Wochenplan ein. Mir fiel auf, dass ich mir immer noch viel zu viel für den Tag vornahm, das wollte ich in der nächsten Woche ändern.

Die größte Hürde war der Augenblick, bis man den ersten Schritt getan hatte. Das hatte ich auch im Interview eines bekannten Autors gelesen, der gefragt wurde, wie er die Disziplin aufbrachte, jeden Tag zu schreiben. *Es ist der Umstand, dass man sich hinsetzt und die ersten Sätze schreibt. Dann ist die größte Hürde geschafft.* Das wusste ich auch von meiner Diplomarbeit. Da hätte ich auch jemanden gebraucht, dem ich eine SMS mit den Worten *Ich habe die ersten Sätze geschrieben, es geht los!* hätte schicken können. Letztendlich ging mir das ja auch beim Laufen so nach den ersten 100 Metern. Stolz schickte ich Isabell meine SMS:

Woche geplant! Ben

Zurück kam die Antwort:

Du Schuft, jetzt muss ich noch immer auf die Einladung warten!

Ich schrieb zurück:

Hast du Zeit? Eiscafé!

Klar, in 15 Minuten?!

Wunderbar! ☺ war meine Antwort.

Im Eiscafé nutzte ich die Zeit, bis Isabell kam, um in meinem Heft zu blättern. Die Dinge aufzuschreiben und dann auch durchzulesen war eine echt gute Idee. Bisher hatte ich gedacht, es reicht, wenn man das alles im Kopf hat, aber es reichte eben nicht, denn es kreisten unablässig so viele Gedanken im Kopf. Seit Anfang der Woche hielt ich meine Gedanken in Schach und war konzentriert nur bei dieser einen Sache, wenn ich morgens meinen Kaffee trank. Ein Zitat, das ich mir aufgeschrieben hatte, fand seine Bestätigung. *Wo deine Gedanken sind, da ist deine Energie!*

Doch da kam auch schon Isabell um die Ecke gebogen. Sie wirkte leicht gestresst. »Lass dir Zeit und komm erst einmal in Ruhe an«, sagte ich. Wir bestellten uns einen Kaffee und unterhielten uns über meine Woche und wie es mir ergangen war. Isabell überraschte mich mit einer spontanen Frage:

»Du, ich will morgen mit der Meditation anfangen. Wirst du mein Erfolgspate?«

»Hey, das ist ja super! Na klar mache ich das.«

Ich erklärte ihr noch einmal, wie man meditierte. Isabell brachte sich schon mal in Position, um zu wissen, ob sie alles richtig verstanden hatte. Sie saß mir mit geschlossenen Augen gegenüber und beobachtete ihren Atem, während sich um uns herum die Leute unterhielten, das Geschirr klapperte und Mobiltelefone klingelten.

»Mir tut das echt gut, und ich mache das jetzt jeden Morgen«, betonte ich noch mal.

»Ich fühle mich schon viel ruhiger als eben noch«, kommentierte sie, nachdem sie wieder die Augen geöffnet hatte.

»Du wirst sehen, du willst es bald nicht mehr missen.«

Wir verabredeten, dass sie mir ab Samstagmorgen nach dem Meditieren eine SMS schickte. 21 Tage lang. Für eine eventuelle Unterbrechung vereinbarten wir einen selbst gebackenen Kuchen. Mit den Worten: »Es gibt keine Ausreden«, verabschiedeten wir uns vor der Eisdiele.

Am Samstag kam die SMS gegen 11 Uhr und am Sonntag gegen 12 Uhr. Ich war stolz auf sie. Es tat gut, einen anderen Menschen zu unterstützen, sein Erfolgspate zu sein.

Woche für Woche meldete ich meinem Meister jeden Montag die Laufeinheiten und erhielt eine unterstützende Antwort. Doch dann kam der erste Einbruch. Ich war stark erkältet und bekam Fieber. Ich ging nicht zum Laufen und lag drei Tage im Bett. Ich meditierte morgens auch nicht. Ich war aus meiner Routine gefallen. Als es mir samstags wieder besser ging, beschloss ich, meinen Meister anzurufen. Gegen 17 Uhr meldete er sich zurück.

»Hallo, Ben, wie geht es dir?«

»Ich war letzte Woche krank und bin total aus dem Rhythmus gekommen. Ich bin echt gefrustet. Ich habe noch nicht einmal meditiert.«

»Mach dir keine Sorgen. Es ist nicht deine Schuld, wenn du krank wirst. Wichtig ist, dass du weiterhin morgens in deinem Heft liest und dass du dein Ritual wieder aufnimmst, sobald es dir körperlich wieder besser geht. Die Ausnahme ist dein größter Feind! Gut, dass du dich gemeldet hast. Es hat mir auch immer gutgetan, wenn ich in solchen Momenten mit meinem Coach sprechen konnte. Fang am Sonntagabend wieder mit deinem Wochenplan fürs Laufen an, und fahr am Montagmorgen früher ins Büro, um deinen Wochenplan für den Job zu machen. Weiter geht's!«

»Danke für deine Hilfe!«

Die folgenden drei Wochen kam ich wieder zurück in meinen Rhythmus. Isabell schaffte die Meditationsübung ebenfalls beim zweiten Anlauf. Wir luden uns gegenseitig zum Essen ein und freuten uns darüber, dass wir den Geheimnissen des Erfolges auf der Spur waren.

Dann kam mein Urlaub. Zwei Wochen in einem Hotel in Griechenland. Das war schon wieder eine Ausnahme. Klar, jetzt musste ich nicht meine Woche planen. Doch es war ein anderer Tagesrhythmus. Öfter ließ ich die morgendliche Meditation aus, und obwohl ich meine Laufschuhe dabeihatte, lief ich nur einmal pro Woche. Ich dachte mir, dass es im Urlaub egal sei. Auf dem Rückflug hatte ich ein schlechtes Gewissen. Vor meinem Abflug in den Urlaub hatte ich Robe geschrieben, dass ich für zwei Wochen weg war. Immer wieder hatte ich im Urlaub an meine Gespräche mit Robe gedacht. Er hatte so recht. Die Ausnahme war wirklich der größte Feind. Wenn man die Routine durchbrach und es noch keine Gewohnheit war, dann fiel es so verdammt schwer, wieder in den Rhythmus zurückzukommen.

Es war Samstagnachmittag, als wir in Köln auf dem Flughafen landeten. Ich fuhr nach Hause und verabredete mich noch mit zwei Freunden auf ein Bier – aus dem ein paar mehr wurden. Am Sonntagmorgen genoss ich es auszuschlafen. Nach dem Frühstück fiel mir auf, dass ich auch heute nicht meditiert hatte. Es war mir noch nicht in Fleisch und Blut übergegangen. Ich schickte meinem Meister eine SMS:

SOS – ich brauche deine Hilfe, können wir heute telefonieren?!

Gegen 14 Uhr kam eine SMS zurück:

Ruf ruhig an, bei mir passt es bis 18 Uhr.

Sofort wählte ich seine Nummer. Eine vertraute Stimme am anderen Ende: »Hallo, Ben, wie geht es dir?«

»Hallo, Robe, mir geht es gut und nicht gut. Ich komme aus dem Urlaub und bin etwas enttäuscht von mir. Ich hätte nicht gedacht, dass mich diese Zeit so aus dem Rhythmus bringt.«

»Freu dich darüber, dass du enttäuscht bist!«

Ich war verdutzt. »Warum soll ich mich denn freuen?«, fragte ich zurück.

»Es zeigt, dass du vorher getäuscht warst, weil du geglaubt hast, dass so etwas nicht passieren kann. Eine Täuschung eben. Auch das hat etwas Gutes für sich. Du dachtest, dass es so einfach sei. Alles ist schwer, bevor es leicht wird, das hatte ich dir doch versprochen.«

Ich konnte sein Grinsen, als er das sagte, förmlich spüren.

»Solange du noch nachdenkst, ob du das tust, was du dir vorgenommen hast, bist du noch in der Phase, in der es schwer ist. Noch ist es nicht leicht. Die nächste Phase ist die Wie-Phase. Da überlegst du nur, wie du es machst. Das geheime Wissen besagt, dass die Herausforderung darin besteht, so lange durchzuhalten, bis es zur Gewohnheit geworden ist. Das braucht länger als 21 Tage. Die 21 Tage sind nur der erste wichtige Schritt. Gut ist, dass es dir aufgefallen ist und dass du nur gestolpert bist. Andere fallen hin und bleiben liegen. Deshalb ist der Erfolgspate so wichtig. Ich habe schon gemerkt, dass du am Stolpern bist. Aber das ist keine Schande. Dafür bin ich ja da, um dich zu unterstützen.«

»Es ist gut zu wissen, dass ich nicht alleine bin. Ich hatte mich schon geschämt. Jetzt bin ich richtig erleichtert. Welchen Tipp hast du für mich?«

»Komm heute noch in deinen alten Rhythmus. Nicht auf morgen verschieben. Tu heute schon etwas, was mit deinem guten Vorsatz zu tun hat. Was könnte das sein?«

»Ich könnte jetzt gleich am Rhein Laufen gehen und dann die Läufe für die nächste Woche planen. Ebenso könnte ich mir meinen Wochenplan vorbereiten und ihn schon einmal ausdrucken. Das wären erste Schritte. Und nach dem Telefonat werde ich meine Meditation machen.«

»Das klingt gut. Fang wieder an. Der erste Schritt ist wieder der schwierigste, weil vorher wieder diese inneren Verhandlungen stattfinden. Ich coache jemanden, der gerade an einem Buch schreibt. Ich habe ihm erklärt, dass das eine Disziplinübung ist. Er muss an vorher festgelegten Tagen mindestens zwei Stunden schreiben, sonst schafft er es nicht, das Buch fertigzustellen. Er erklärte mir, dass er immer andere Dinge tut, wenn er mit dem Schreiben beginnen will. Ich habe ihm gesagt, dass die größte Hürde darin beste, die ersten Sätze zu schreiben. Wenn man vor dem Rechner sitzt, ist es gut. Ich habe ihm empfohlen, das mit Ritualen zu verbinden. Auch ich habe Rituale, wenn ich ein Konzept erstelle. Ich mache mir einen Tee und lege ruhigen Jazz auf, setze mich hin und schreibe die ersten Sätze. Ab dann wird es leichter.«

»Ja, das kann ich bestätigen. Wenn ich meine Laufschuhe angezogen habe und die ersten 100 Meter gelaufen bin, dann drehe ich auch nicht mehr um. Dann läuft es sich in der Tat wie von selbst. Ich muss mich nur überwinden.«

»Gut, dass du dich gemeldet hast. Wenn wir uns das nächste Mal sehen, dann trinken wir zusammen den Rotwein, den du mir noch schuldest.«

»Das ist eine gute Idee.«

»Dann leg jetzt wieder los, und ich freue mich morgen auf deine SMS!«

Ich legte das Handy zur Seite und atmete tief durch. War ich froh, dass ich einen Erfolgspaten hatte! Alleine wäre es mir sicherlich nicht gelungen, aus dem Tief herauszukommen. Dann wäre alles nach dem alten Muster abgelaufen. Ich hätte aufgehört und mir eingeredet, dass es nicht so wichtig sei. Ich nahm mir mein Erfolgstagebuch und las die ersten Seiten noch einmal in Ruhe durch. Auch das war gut, weil mir wieder klar wurde, warum ich das alles machen wollte und warum es für mich so gut war.

Mit diesem körperlich guten Gefühl meditierte ich und beobachtete meinen Atem. Als die zehn Minuten vorbei waren, blieb ich noch etwas sitzen. Anstatt meinen Atem weiter zu beobachten, ging ich mit meinen Gedanken und einem guten Gefühl in die Vorstellung, meine Ziele bereits erreicht zu haben. Es verstärkte die Motivation, meine Erfolgsroutine wieder aufzunehmen. Nach dem Lauf plante ich meine Woche und rief Isabell an. Ich wollte ihr erzählen, wie es mir ergangen war. Auch sie hatte die Meditation unterbrochen, und sie bedankte sich bei mir, dass ich sie dabei unterstützte, wieder damit anzufangen. Auch ihr hatte es gutgetan, mit einem Menschen zu reden, der sie unterstützte.

Es war der letzte Arbeitstag in diesem Jahr. Ich saß an meinem Schreibtisch im Büro, vor mir lag der Ordner mit den Wochenplänen. Das Blatt mit den Kreuzen hatte ich unter der Schreibtischunterlage hervorgeholt. Unzählige Male hatte ich mir diese Situation vorgestellt. Jetzt war sie da! Ich zählte die Kreuze und die Wochenpläne. Es waren ein paar weniger als geplant, aber es waren genug, um stolz zu sein. Ich war bereit für meine Belohnung.

Ohne die EVA-Methode und das geheime Wissen hätte es nicht funktioniert. Ich war mit meinem Motto *Gesagt, getan!* weiter gekommen als je zuvor. Ich war zufriedener mit meinen Arbeitsergebnissen, und immer wieder hatte ich das Feedback bekommen, dass ich zuverlässig sei. Weniger Beschwerden von Kunden und Kollegen. Es hatte sich gelohnt. Der wichtigste Grund aber war, dass ich zufriedener mit mir, meiner Arbeit und meinem Leben war. Es waren die vielen kleinen Bausteine der Erfolgsmethode, die dafür gesorgt hatten, dass ich mir morgens gerne die Zeit dafür nahm, meinen Tag zu planen, und freitags die kommende Woche. Mein Gehirn war entlastet, und ich plante viel realistischer als früher. Ich nahm mein Handy und schickte meinem Meister eine SMS: *Dreams come true.* Zufrieden verließ ich zum letzten Mal in diesem Jahr mein Büro.

In der Innenstadt saß ich in meinem Lieblingscafé und wartete auf Isabell. Freudestrahlend kam sie zur Tür herein und lachte mich an. »Na, ist es vollbracht für dieses Jahr?«

»Ja, das tut echt gut. Und ich bin stolz auf mich, was ich dieses Jahr so alles geschafft habe.«

»Das kannst du auch! Und nächstes Jahr hilfst du mir auch weiter mit meinen guten Vorsätzen.«

»Klar mach ich das.«

Ich zeigte ihr stolz die antike silberne Zigarettendose, die ich mir als Belohnung gekauft hatte. »Da kommen jetzt meine Visitenkarten rein!«

»Hey, bist du nicht dieses Silvester mit der Feier an der Reihe?«

»Stimmt, wir feiern dieses Jahr bei mir.«

Wir hatten einen echt tollen Nachmittag, und als wir uns verabschiedeten, rief mir Isabell zum Abschied zu: »Denk an die Glückskekse!«

Der Silvesterabend war gekommen, und die üblichen Verdächtigen hatten sich bei mir in der Wohnung versammelt. Wir saßen gemeinsam am Tisch. Ich schaute auf meine neue Uhr und sah, dass wir noch zwei Stunden Zeit hatten, bis es wieder so weit war, ins neue Jahr zu springen.

»Ben, was steht auf deinem Glückskekszettel?«

»Ich mach ihn gerne auf!«, antwortete ich.

Grinsend brach ich den Keks entzwei und schloss die Augen, als ich den kleinen, weißen Zettel herauszog.

»Mach es nicht so spannend!«, rief Isabell.

Ich öffnete die Augen und las laut vor: »Dein Leben ist das, was du daraus machst!«

Die EVA-Methode
auf einen Blick

Die Erkenntnisphase:

1. Ziel und Motiv
- Warum willst du das Ziel überhaupt erreichen?
- Welches Bedürfnis wird für dich dadurch befriedigt?

2. Verhalten
- Welches Verhalten bringt dich dauerhaft ans Ziel?

3. Power
- Deine Stärken und deine Talente

4. Der Erfolgscode
- Was sind die größten Erfolge in deinem Leben?
- Was hast du erreicht, weil du es unbedingt wolltest?
- Welche Haltung stand dahinter?

5. Saboteuere – Verhinderer – Blockaden
- Was hat dich in der Vergangenheit davon abgehalten?
- Gibt es Überzeugungen/Glaubenssätze von dir und der Welt, die dich abgehalten haben?

6. Wertekonflikte und Zielkonflikte

Die Vorbereitungsphase:
1. Die Zielerreichung
- Das Ziel als bereits erreicht beschreiben mit allen Gefühlen.
- Beschreibe, welches Verhalten dich dorthin gebracht hat und dort hält. Es war für mich gut, weil ...
- Wähle ein Zielbild – ein Bild, das als Sinnbild dafür steht.
- Wähle ein Motto oder einen Slogan.

2. Plan mit Verhalten und Meilensteinen
- Stufenplan mit überprüfbarem Verhalten und Ergebnissen/Meilensteinen entwickeln, damit Stufe für Stufe der Glaube an den Erfolg gestärkt wird.

3. Wenn die Hindernisse auftauchen
- Belohnungen für erreichte Meilensteine/für Verhalten
- Situationen, in denen ein neues/anderes Verhalten gefragt ist
  1: Wie willst du deinen Erfolgscode aktivieren?
  2: Wie willst du deine Stärken und Talente einsetzen?
  3: Wenn-dann-Plan, bei Stolpersteinen extra Stimuli
- Welches Ritual kann mich unterstützen?

4. Unterstützung suchen
- Buddy/Erfolgspaten suchen und einweihen

5. Den Rubikon überschreiten
- Entschluss schriftlich und konkret festlegen:
  Ich will wirklich, wirklich, wirklich, weil ...
  Ich habe ein gutes Gefühl dabei, weil ...
  Ich glaube daran, dass ich es schaffe, weil ...

Die Aktionsphase:
1. Täglich Brot
- Ich erinnere mich täglich (an bestehende Routine anknüpfen).
- Jeden Morgen fünf Minuten meditieren und sich in der Zielvorstellung fühlen.

2. Achtsamkeit und Gelassenheit
Mehr Konzentration auf das Verhalten als auf das Ergebnis

3. Schriftlichkeit
Erfahrungen jeden Tag schriftlich festhalten

4. Belohnung bei Erfolgen/Lernen aus Misserfolgen:
Hingefallen:
- Einen Schritt zurücktreten
- Analysieren und daraus lernen
- Verhalten anpassen
- Aufrichten und alte Erfolge vor Augen halten
- Schritt für Schritt den Glauben an sich stärken

5. Zusammenarbeit mit dem Erfolgspaten
- 1-mal pro Woche Rechenschaft ablegen

Zu guter Letzt

Möge dieses Buch Sie daran erinnern, dass Sie ein einzigartiger Mensch mit einzigartigen Talenten sind.

Möge Ihnen dieses Buch Mut machen, auf alle Ressourcen zuzugreifen, die bereits in Ihnen sind und auf Entdeckung warten.

Möge Ihnen dieses Buch vermitteln, dass der Glaube an sich selbst Berge versetzen kann.

Möge Ihnen dieses Buch die Kraft geben, einmal mehr aufzustehen, als sie hingefallen sind.

Wenn Sie beim Lesen den Wunsch verspürt haben, sich einer 21-Tages-Übung zu stellen, dann können Sie dies mit meiner Unterstützung tun. Melden Sie sich dafür kostenfrei auf *www.finesto.de* an.

Für den Fall, dass Sie keinen Erfolgspaten haben, können Sie mich unter folgender Mailadresse erreichen: *erfolg@martinwittschier.de*. Ich werde Sie unterstützen.

Viel Erfolg!

DANKE

Ein Buch ist niemals das Werk einer einzelnen Person. Immer sind viele Menschen daran beteiligt. Ihnen sei Danke gesagt!

An erster Stelle möchte ich mich bei meiner Frau Isabell für ihr Verständnis und ihre unermüdliche Unterstützung bedanken!

Meinen drei Kindern danke ich dafür, dass sie mir immer ein gutes Gefühl gaben, wenn ich geschrieben habe, anstatt mit ihnen Zeit zu verbringen.

Ein herzliches Dankeschön an Leo Martin, der mich als ratgebender Kollege im doppelten Sinne von Anfang an begleitet hat.

Meine Lektorin Bettina Traub war eine wundervolle Wegbegleiterin. Sie hat von Anfang an an das gemeinsame Projekt geglaubt.

Zuletzt möchte ich mich bei meinen Seminarteilnehmern und Coachees bedanken, die mir immer wieder bestätigt haben, dass ihnen die Anwendung der EVA–Methode zum Erfolg verholfen hat. Zudem konnte ich viele reale Praxiserfahrungen in die Geschichte von Ben einbauen.